本书由嘉道理慈善基金会
"河南省农村地区学前融合教育试点项目"支持出版

学前融合教育游戏支持策略

王敏 蔡蕾◎编著

河南大学出版社
·郑州·

图书在版编目（CIP）数据

学前融合教育游戏支持策略 / 王敏, 蔡蕾编著 . -- 郑州 : 河南大学出版社, 2021.12（2023.12 重印）
ISBN 978-7-5649-4932-7

Ⅰ. ①学… Ⅱ. ①王… ②蔡… Ⅲ. ①学前教育－教育研究 Ⅳ. ① G61

中国版本图书馆 CIP 数据核字 (2021) 第269823号

策　　划	谌洪波
责任编辑	李亚涛
责任校对	郑　鑫
封面设计	翟淼淼　王紫薇
内文插图	王紫薇
版式设计	高枫叶

出版发行　河南大学出版社
　　　　　地址：郑州市郑东新区商务外环中华大厦2401号　　邮　编：450046
　　　　　电话：0371-69091811（大众文化出版中心）
　　　　　　　　0371-86059701（营销部）
　　　　　网址：hupress.henu.edu.cn
印　　刷　郑州印之星印务有限公司
经　　销　全国新华书店
版　　次　2021年12月第1版　　　　　　　　　　印　次　2023年12月第2次印刷
开　　本　710 mm×1000 mm　1/16　　　　　　 印　张　11.5
字　　数　144 千字　　　　　　　　　　　　　 定　价　39.00 元

（本书如有印装质量问题，请与河南大学出版社营销部联系调换。）

序

融合教育是世界发展的潮流，也是社会公平和教育公平的必然选择，是有教无类、教育民主化的具体体现。融合是一种权利，是一个过程，而非能力。在融合教育环境中，特需儿童参与其中，和普通儿童共同生活，共同学习和成长，便是理想的融合教育状态。早发现、早干预可以帮助更多的特需儿童享有教育的机会，因此，学前融合教育便具有了举足轻重的意义和价值：她赋予个体内在的生命活力，彰显园所的人文精神，提升家庭的生活质量，推动社会的文明和进步，她是政府在物质极大丰富的时代解决人们追求美好生活的民生工程。归根结底，学前融合教育是一种善的行为。

学前融合教育的从业者需要比普通教育从业者付出更多的努力，具有更大的智慧，具有更强的包容性。不仅要求教师懂得普通幼儿身心发展特点，也要懂得特殊幼儿身心发展特点；不仅要有专业知识，还要有专业技能和智慧。游戏是幼儿学习的最好方式，游戏的设计、组织和实施直接影响幼儿的发展。尽管融合教育面向大多数幼儿，特殊需求的幼儿参与即是教育，但是，游戏的设计如何关注特殊幼儿的存在，如何设置弹性目标，在适宜的时间创设适宜环境、提供适宜的材料，在游戏活动中，如何在针对大多数幼儿发展的基础上，同时兼顾不同障碍类型的幼儿至关重要，没有多年的实践经验很难有专业的教育行为。奇色花幼儿园在学前融合教育的路上探索了二十多年，积累了丰富的实践教学经验，取得了良好的效果。

在河南省大力推广学前融合教育的过程中，奇色花幼儿园就像一朵奇色的花开在中原大地。在河南省教育厅的正确引领下，在河南省学前融合教育中心的大力支持下，在蔡蕾园长的不懈坚持下，奇色花团队由一所幼儿园，带动了几十所甚至几百所幼儿园，他们就像蒲公英的种子，飘洒在中原大地的土壤上，甚至延伸到省外，他们用微光聚星河，用良知担正义，走在了全国学前融合教育的前列。实践出真知，理论从实践中来，如何在实践的基础上摸索出可以推广的模式，总结实践经验，使后来者在前人的基础上少走弯路，降低探索的成本，也是先行者义不容辞的责任。奇色花团队将二十年的实践经验凝结成一本本书籍出版发行，《豫见融合》、《学前融合教育理论与实务》、《学前儿童教育发展评量手册》一系列成果问世，为我国学前融合教育贡献了智慧和力量。这本即将付梓的《学前融合教育游戏支持策略》又是一本学前融合教育实践的智慧结晶。教师秉承"胸中有书、眼里有人、手里有法"的教育教学原则，针对不同障碍类型的幼儿，开展相应的游戏支持策略，呈现出了一系列经典的游戏支持案例，对工作在一线的学前融合教育的教师具有重要的参考价值。

不让一个孩子掉队，让每一位幼儿都能享受到公平的教育机会，享有充分的受教育权利，有教无类，这正是学前融合教育的终极追求。家庭、社区和园所，政府、高校和非政府组织是我们的合作伙伴。在学前融合教育的路上，我们携手同行，协同育人，融合、共享与发展，一个也不能少。

河南师范大学　刘晓红

2021 年 12 月

前　　言

　　特殊需要儿童首先是儿童，他们像所有的儿童一样酷爱游戏，游戏同样是他们的"工作"，也是他们学习和发展的有效途径。如果某些儿童无法参与到自己喜爱的游戏活动中，无法与同伴、成人产生有益的互动，我们不要简单地把原因完全归咎于该儿童自身的"障碍"，而是要清醒地认识到这种情况的出现由两方面的原因造成。一方面是儿童自身的"障碍"，另一方面是外界环境的"障碍"，两方面"障碍"的叠加，阻碍了他们参与到活动中。

　　我们认为：对外界环境"障碍"的调整和改变，比改变儿童自身"障碍"更加重要，也更加有现实意义。因此，我们编写这本手册，就是基于改变外部环境"障碍"的目标，从而达到让特殊需要儿童和普通儿童一样能够顺利参与游戏。

　　我们这本手册的核心内容有以下三点：

　　1. 强调游戏是所有儿童的天性和权利，促进学前融合教育工作者在工作中要特别关注特殊需要儿童游戏。

　　2. 收集并改编一些经典游戏，帮助刚刚接触融合教育的幼教工作者掌握调整或者创造促进特殊需要儿童参与游戏的相关知识和技巧。

　　3. 详细讲解学前融合教育游戏的调整与设计原则和注意事项，提供游戏案例，通过融合小技巧介绍促进支持特殊需要儿童有质量地参与游戏的基本策略，平衡并满足儿童在游戏中的共性和个性需求。

这本手册是在奇色花学前融合教育云端服务系统中《个别化融合教育计划》（IIEP）策略库的基础上进行改编和创作，其特点是游戏目标聚焦《学前儿童教育发展评量手册》评量结果和其他相关信息，即教师团队围绕为特殊需要儿童制定的《个别化教育计划》（IEP）中的短期发展目标，调整出符合其发展需求的游戏和活动，以期实现在融合环境中对特殊需要儿童的个性化支持。

改编过程中，撰写小组通过实地调查，了解河南省不同的融合教育试点幼儿园特殊需要儿童的游戏现状、幼儿园教师对融合游戏活动的理解和需求、幼儿园教师以往组织游戏的方式。奇色花团队多次组织研讨，在河南师范大学学前教育系教授刘晓红的指导下，最终确定了手册的主要内容及呈现形式。

手册的主要内容分为三章。

第一章重点分享了学前融合教育游戏的调整与设计原则和注意事项，介绍了支持特殊需要儿童有质量地参与游戏的基本策略，说明了在游戏活动准备、过程引导和支持、评价中的相关策略。

第二章重点分享了支持不同特质类型儿童参与游戏通识性的基本支持策略。

第三章是游戏篇，共收录了48个游戏范例，从最受幼儿欢迎的音乐与肢体动作游戏和体能运动游戏中选择了38例进行改编设计，同时依据部分特殊需要儿童的社交互动需求，特别选择了10例关于基础互动的游戏。范例中每一个游戏包含基本玩法、游戏的意义及促进融合小技巧等内容。促进融合小技巧主要呈现针对性的支持方法，只是抛砖引玉，目的是引发读者设计和组织游戏活动的思考和启发，支持读者能够结合自己所支持儿童的实际情况，对游戏进行有意义的调整。

前言

幼儿园的常规教学策略基本上都适用于特殊需要儿童，还有一些通用的方法，如有视力障碍的幼儿参与游戏我们多采用听觉提示，有听力障碍的幼儿我们要多采用视觉提示，这些通用的方法适用于很多游戏中，因此，我们不在每一个游戏的"促进融合小技巧"中赘述。

尽管本手册的使用者是幼儿园教师，但是我们最终目的是为了所有的孩子更快乐地生活和发展，融合教育就是让所有的孩子，无论性格如何，无论是否有特殊需要，他们都拥有自己游戏的空间、时间，都有属于自己的玩具，都能够爱上适合自己的游戏。所以，我们诚挚地邀请您结合本班儿童的实际情况选择合适的游戏使用和改编。

为了更加直观地呈现游戏内容，编写小组特意请王紫薇为第三章的游戏内容配上了原创手绘插图，本手册所有插图版权归奇色花所有。

特别感谢河南师范大学刘晓红教授细致入微的专业指导，感谢奇色花班级杨艳茹、王攀、李立、刘云乐等教师提供游戏素材，感谢朱秀花、程凡、张艳芳、李海丽、李东丽、刘冰、徐芳莉、王琳、徐佳、刘方方等提供游戏创意参与实践。各章节编写人员具体分工如下：第一章，蔡蕾、魏慧敏、王敏；第二章，王敏、文芳、薛娇、田亚红；第三章，薛娇、王敏、程凡、文芳、田亚红、朱秀花、刘冰；最后由王敏和蔡蕾通稿。本手册能得以出版，得到了河南大学出版社的鼎力支持，在此表示衷心的感谢！编者才疏学浅，编写过程中也不免有所疏漏和偏颇，愿与您共同切磋交流，接受一切批评指正。

目　　录

第一章　学前融合教育游戏概述 ················· 001

第一节　游戏与特殊需要幼儿 ················· 003
一、游戏的概念及对幼儿发展的意义 ················· 003
二、游戏对特殊需要幼儿的价值 ················· 007

第二节　学前融合教育中的游戏调整与设计 ················· 011
一、学前融合教育中游戏调整与设计原则 ················· 011
二、调整与设计学前融合教育游戏的十大策略 ················· 013
三、调整与设计学前融合教育游戏的注意事项 ················· 018

第三节　在游戏中支持特殊需要幼儿 ················· 020
一、游戏活动的准备 ················· 020
二、游戏过程中的引导和支持 ················· 022
三、游戏活动的评价 ················· 024

第二章　特殊需要幼儿游戏支持策略 ················· 029

第一节　有智力障碍幼儿的游戏支持策略 ················· 031
一、有智力障碍幼儿的发展特点 ················· 031
二、有智力障碍幼儿游戏的困难和挑战 ················· 032

三、有智力障碍幼儿游戏的支持策略 …………………… 033

第二节 有听力障碍幼儿的游戏支持策略 ………………… **035**
    一、有听力障碍幼儿的发展特点 ………………………… 035
    二、有听力障碍幼儿游戏的困难和挑战 ………………… 037
    三、有听力障碍幼儿游戏的支持策略 …………………… 038

第三节 有肢体障碍幼儿游戏支持策略 ……………………… **040**
    一、有肢体障碍幼儿的发展特点 ………………………… 040
    二、有肢体障碍幼儿游戏的困难和挑战 ………………… 041
    三、有肢体障碍幼儿游戏的支持策略 …………………… 042

第四节 有自闭症谱系障碍幼儿游戏的支持策略 ………… **044**
    一、有自闭症谱系障碍幼儿的发展特点 ………………… 044
    二、有自闭症谱系障碍幼儿游戏的困难和挑战 ………… 045
    三、有自闭症谱系障碍幼儿游戏的支持策略 …………… 046

第五节 有视力障碍幼儿游戏的支持策略 ………………… **049**
    一、有视力障碍幼儿的发展特点 ………………………… 049
    二、有视力障碍幼儿游戏的困难和挑战 ………………… 050
    三、有视力障碍幼儿游戏的支持策略 …………………… 051

第六节 有感觉统合障碍幼儿游戏支持策略 ……………… **053**
    一、有感觉统合障碍幼儿的发展特点 …………………… 053
    二、有感觉统合障碍幼儿游戏的困难与挑战 …………… 055
    三、有感觉统合障碍幼儿游戏的支持策略 ……………… 056

目 录

第三章　学前融合教育游戏示例 063

第一节　音乐与肢体游戏的融合技巧 066
一、音乐与肢体游戏对幼儿发展的意义　066
二、音乐与肢体动作游戏范例　068

第二节　体能运动游戏的融合技巧 097
一、体能运动游戏定义及对幼儿发展的意义　097
二、体能运动游戏范例　098

第三节　基础互动游戏 144

第四节　自主游戏小案例 161

参考资料 167

第一章
学前融合教育游戏概述

作为幼儿教育工作者,我们常常会被幼儿在游戏中的状态所吸引,为他们在游戏中全身心地投入而叹服。这时候,幼儿园里特殊需要孩子与普通孩子一样,他们同样会努力专注地把积木搭成想象中的样子,同样会津津有味地与小伙伴装扮成各种各样的角色去"工作"和"生活",同样会因为玩游戏脸上洋溢着灿烂的笑容,游戏的魔力让他们同样闪闪发光。

第一节　游戏与特殊需要幼儿

一、游戏的概念及对幼儿发展的意义

(一)游戏的概念

《幼儿园教育指导纲要(试行)》中提出:"幼儿园应为幼儿提供健康、丰富的生活和活动环境,满足他们多方面发展的需要,使他们在快乐的童年生活中获得有益于身心发展的经验。幼儿园的教育内容是全面的、启蒙性的。教育活动内容的组织应充分考虑幼儿的学习特点和认识规律,各领域的内容要有机联系,相互渗透,注重综合性、

趣味性、活动性，寓教育于生活、游戏之中。"游戏是幼儿享有的权利和自由，是其童年生活中不可或缺的部分。正如陈鹤琴先生所言："小孩子是生来好动的，是以游戏为生命的。"《学前儿童游戏》是这样定义的：游戏是幼儿在某一固定时空中，遵从一定规则，伴有愉悦情绪，自发、自愿进行的有序活动。游戏具有以下特征：

（1）游戏是一种快乐的行为，具有愉悦性。"游戏就是一种娱乐"（Catherine Garvery,1991），游戏中幼儿可以全身心地投入，处于身体的最佳、最自然、最轻松的状态，带给幼儿快乐的享受。

（2）游戏是一种自发的行为，具有主动性。游戏是非强制性的，被迫的游戏就不再是游戏了。幼儿在游戏中能够自由地选择游戏的内容、玩法和同伴等，他们使自己成为游戏的主人。

（3）游戏是一种假装的行为，具有虚构性。所有的游戏都在某种意义上表征着社会生活，但游戏本身却不是日常生活。幼儿在游戏中利用模仿、想象来创造性地整合和表现周围的生活。

（4）游戏是一种有规则的行为，具有有序性。幼儿在游戏中并不是毫无约束和限制的，尽管他们的游戏有时候看起来乱七八糟，但是每个游戏中都隐含一种秩序性，自我约束将幼儿的游戏带入一种和谐、有序的状态。

综上所述，游戏不是成人的奖赏，而是幼儿的基本权利，是他们天性的自然表达，是他们成长和发展的必然需求。在幼儿的成长过程中，游戏就是他们宽广无限的生命舞台。也正因为如此，游戏是幼儿教育的重要形式。

（二）游戏对幼儿发展的意义

《幼儿园教育指导纲要（试行）》指出："幼儿园教育应当充分尊

重幼儿作为学习主体的经验和体验，尊重他们身心发展的规律和学习特点，以游戏为基本活动，引导他们在与环境的积极互动作用中得到发展。"《3—6岁儿童学习与发展指南》（以下简称《指南》）中明确指出："幼儿的学习是以直接经验为基础，在游戏和日常生活中进行的。要珍视游戏和生活的独特价值，创设丰富的教育环境，合理安排一日生活，最大限度地支持和满足幼儿通过直接感知、实际操作和亲身体验获取经验的需要。"游戏是幼儿的生命，是童年期的主要活动，幼儿就是在游戏中学习的，幼儿在游戏中的学习是整合的学习，同一个游戏活动会发展幼儿多领域的能力。

1. *游戏促进幼儿身体的发展*

游戏是幼儿发展基本动作的重要途径，在游戏活动中不断掌握新的技能。游戏活动能促进幼儿动作的灵活和协调，发展大肌肉、小肌肉运动的控制能力。通过游戏，幼儿运动能力如肌肉的控制力、身体的平衡力、动作的协调力等得到锻炼，跑、跳、追、画画、拼图、搭积木等游戏活动，促进了幼儿大小肌肉发展和骨骼关节的灵活与协调发展。

2. *游戏促进幼儿情绪情感的发展*

游戏是幼儿表现积极情绪、调整消极情绪的媒介，通过游戏，我们可以了解到幼儿的情绪状态。辛格（1990）对3—4岁幼儿在一年的研究中发现，经常玩假装游戏的幼儿会在游戏中有较多的欢笑，他们的坚持性和合作性更好。

游戏能够帮助孩子克服紧张情绪、消除愤怒的心情。通过想象游戏，幼儿能够了解自己生活的世界，也有机会认识自己的思想。当他们受到挫折和困扰时，会通过游戏消减焦虑、害怕和紧张的情绪，比如幼儿有医院打针经历后会玩角色扮演打针的游戏，通过再现痛苦的体验来减轻他们害怕的程度。

3. 游戏促进幼儿社会性的发展

幼儿有"自我中心"的思维特点，他们往往是从自己的角度看待一切，而正确的自我意识是能够正确地对待自己和他人的基础。幼儿在角色扮演中逐渐学习从他人的角度看待问题，发现自己与他人的不同，学会发现自我，其自我意识也就得到了发展。

幼儿的自制能力也会在游戏中得到发展，他们要学习遵守规则，特别是在角色扮演游戏中配合角色的要求，学会与他人合作、相互理解等，为在群体中参与游戏提供保障。

幼儿在游戏中与同伴建立了真实的关系，促进了同伴交往；幼儿通过与玩具或材料互动以及角色扮演，促进其社会性的发展。

4. 游戏促进幼儿认知能力的发展

幼儿具有自主学习的意识和在游戏中主动建构知识的能力。游戏活动为幼儿提供了安全和自由的环境，充足的材料和机会使他们能自然地进行观察、感知、比较、分类、回忆和想象，也可以促进他们在新的情境中推理和解决问题。

5. 游戏促进幼儿语言及创造力的发展

幼儿在游戏中相互接触和交流，激发语言发展，语言是思维的外在表现形式，语言和游戏是相互促进的。游戏给幼儿提供自由的想象空间，为幼儿创造力的发展提供温床，他们在玩假想游戏时探索不同的情境、组合和接触的经验以发展创造力，促进幼儿创造性思维的发展。游戏还为幼儿提供了重复练习的机会，并通过游戏获得技能，在游戏中学会推理。

因此，游戏对幼儿多元智能的发展起着重要的促进作用，为幼儿提供了探索获取知识的机会，为幼儿入小学学习做了知识、经验和能力上的准备，对幼儿的影响将持续终身。

二、游戏对特殊需要幼儿的价值

（一）特殊需要幼儿的概念

1978年，英国《沃诺克报告》中提出了"特殊教育需要"的概念，即"儿童的特殊教育需要既包括那些因身体的、感觉的、心理的缺陷或情感上、行为上的失调导致的对教育的地点、内容、时间或方法的特殊需要，也包括其他有某种困难的学生对教育的某种特殊需要，以上这些需要既可以是贯穿整个受教育时期的，也可以是短期的"。（景时、邓猛，英国的融合教育——以特殊教育需要协调员为视角，学习与实践，2013年第6期）

目前学界对"特殊需要儿童"有广义和狭义两种理解。广义上，特殊需要儿童是指因个体差异而有各种不同特殊教育需求的儿童；狭义上，特殊需要儿童是指由于生理上的功能缺陷导致其有特殊需求的儿童，即现阶段我们所说的残障儿童。

在融合教育实践过程中，由于残障儿童相比较之下有着更为明显的差异和特殊教育需求，因此很多情况下特殊需要儿童成为残障儿童的专称。但不断发展的教育理念越来越关注并提倡每个儿童的个体差异，本书中呈现的概念遵循《指南》中"尊重幼儿发展的个体差异"理念，倾向于广义的理解，即学前融合教育的对象包括所有在某个阶段、某个环境下有特殊教育需求的幼儿。在现有的语境下，为方便读者理解，本书将有特殊教育需求的幼儿称为"特殊需要幼儿"，将需求差异较小的幼儿称为"普通幼儿"。

（二）游戏对特殊需要幼儿的价值

特殊需要幼儿的学习和发展特点与普通幼儿一样，他们都需要通过实际的动手操作来了解和认识事物。他们通过与现实中的事物产生直接的接触和体验，对事物的发生和发展产生真实的了解和认识。因此，游戏更是特殊需要幼儿学习和发展的主要方式，游戏能够给特殊需要幼儿提供乐趣，并增进特殊需要幼儿各项能力的发展。

游戏对普通幼儿和特殊需要幼儿都具有重要的价值，国内外相关研究表明，游戏对特殊需要幼儿的发展有着更加重要的、不可或缺的作用。

1. 拓宽特殊需要幼儿的兴趣、丰富其体验

特殊需要幼儿的生活经验和思维具有一定的局限性，兴趣爱好也较为单一重复。以更具有包容性、丰富多元的游戏活动为媒介，给予他们大胆探索和体验的机会，能够更好地帮助特殊需要幼儿丰富感官刺激，促进特殊需要幼儿对不同的活动产生好奇和兴趣，从而能主动参与到不同的活动中。特殊需要幼儿能真正地按照自己的学习特点和学习进度进行自主学习，激发其游戏的自主性，从而形成良性循环。

2. 观察和了解特殊需要幼儿的需要

幼儿在游戏中的行为表现是自主和自发的，有利于我们观察到他们真实的发展水平。受思维状态、沟通技巧和语言表达的限制，大多数特殊需要幼儿难以直观表达出他们的困难或挑战，通过有目的的游戏活动，有助于特殊需要幼儿在游戏中自然表现，便于我们仔细观察和分辨，从而发现他们真实的需求和挑战。

另外，因特殊需要幼儿的个体差异，他们会通过实物、图片、声音、触摸的方式学习。我们可以通过游戏活动关注到他们接受信息时

的不同偏好，从而提供有针对性的支持。如游戏规则讲解可以同时以口述、图片、视频等方式进行，以满足班级所有幼儿接受信息的偏好。

3. 促进特殊需要幼儿多元智能的发展

幼儿园的游戏活动基本符合通用学习设计理念，即通过多种的呈现方式，来适应不同感官障碍、不同优势学习通道和不同学习兴趣幼儿的需求；特殊需要幼儿在游戏中能运用适合自己的方式进行学习，运用不同的方式来表达自己所学；他们的参与程度和参与的主动性更好地促进其多元智能的发展。

（1）有助于特殊需要幼儿情绪情感的发展。特殊需要幼儿适应环境变化的能力相对较弱，在复杂和多变环境里极有可能会存在焦虑、烦躁、不安、恐惧等情绪状态，游戏活动为特殊需要幼儿提供安全、愉悦的氛围，借助游戏媒介，能很好地帮助特殊需要幼儿舒缓情绪、解压或者释放不安的情绪。如一些有情绪行为的幼儿，音乐韵律游戏能增加其感知觉的刺激，有利于舒缓情绪。

（2）有助于特殊需要幼儿理解、学习规则，增进互动。特殊需要幼儿会更加努力地理解自己喜欢的游戏的玩法，学习相应的规则，以便顺利地与其他同伴共同游戏。如特殊需要幼儿参与自己非常喜欢的泥工、木工、沙子等活动，理解并遵守简单的规则，就能顺利参与活动，有机会与其他同伴互动。

（3）有助于特殊需要幼儿的逻辑思维能力的提升。幼儿在游戏中的思维会处在高度活跃的状态，会自己决定要玩什么，以及思考怎么玩，甚至可能会形成新的玩法和规则，这些都有利于特殊需要幼儿产生感知、分析、抽象、概括、想象等积极的思维活动。

（4）有助于特殊需要幼儿语言能力的发展。游戏过程中，幼儿之间自然会产生语言和非语言的沟通，幼儿在自己感兴趣的活动中自发使用语言，促进其语言理解及表达能力的发展。如幼儿在传话游戏中需要集中精力听这句话并传递给别人；对着镜子玩一些游戏，可以帮助有语言发展障碍的幼儿，在模仿和对比观察中自然而然地学会如何张口发音。

（5）有助于特殊需要幼儿体能的发展。特殊需要幼儿生理或身体功能发展缓慢，在一些日常生活活动中，会跟不上班级同伴的速度。体能运动游戏活动中有不同的体能目标和要求并充满趣味性，他们积极参与游戏，发展了符合其能力水平的基本动作，提升动作的协调性、敏捷性以及平衡能力，此时不受时间空间的限制，充分保证了其活动量。如对于活动需求更大的特殊需要幼儿，提供能充分锻炼到大肌肉群的户外游戏活动，来满足其宣泄精力的需求。

4. 促进特殊需要幼儿社会性的发展

幼儿期是儿童社会性发展的重要时期，幼儿的社会性发展是一个漫长的过程，从自我发展到他人互动的能力，源自于他童年的经验。幼儿社会性发展包含亲子关系的发展、同伴关系的发展、性别角色行为的发展、亲社会行为的发展和攻击性行为的发展。

特殊需要幼儿与同伴关系的发展水平受限，游戏为特殊需要幼儿提供了更多与同伴互动交流的机会，他们在游戏中学习遵守规则、与同伴友好相处，培养和促进特殊需要幼儿的亲社会行为。在游戏中，他们通过观察模仿、角色扮演、冲突解决，从自我意识的觉醒发展到学会移情，从而产生同情、分享和合作等亲社会行为。

音乐游戏会为特殊需要幼儿提供成功和愉快的经验，并且强化其在团体中与他人互动的意愿和频率，从而学习尊重他人，学习与他人轮流和合作，从而在同伴关系中发展出社会的感知能力和成就感。

总之，我们要敏锐地发现每个孩子的游戏兴趣，培养他们参与游戏活动的信心，促进其自我概念的建立和各项能力的发展，帮助他们与同伴建立良好的互动关系。在游戏中如何创造性地满足有个别差异需求的幼儿，是值得教师们不断探索的，当所有孩子的能力差异聚集在一起时，每个孩子存在的价值才能被珍惜。

第二节　学前融合教育中的游戏调整与设计

《幼儿园教育指导纲要（试行）》提出：幼儿教育应以游戏为基本活动。幼儿园课程是实现幼儿园教育目的的手段，是保证幼儿获得有益的学习经验，促进幼儿身心和谐发展的各种活动的总和，即幼儿园课程是幼儿一日活动的总和。在这种新的课程观指导下，幼儿园游戏与课程呈现了一种新的关系：游戏即是课程的内容，也是课程实施的途径。学前融合教育中的游戏调整与设计和学前融合教育的课程建构遵循同样的规律与原则。

一、学前融合教育中游戏调整与设计原则

特殊需要幼儿首先是儿童，他们的身心发展规律和普通儿童是一致的，只是发展速度与某些路径不同，所以学前融合教育的游戏设计要秉持"全纳"的理念，其设计首先要遵循普通幼儿园的游戏设计，聚焦目标、关注心理特点、生活化、发展性、综合化等基本原则。同时，因有特殊需要幼儿的融入，游戏的调整和设计还应遵循以下原则。

(一) 公平性原则

特殊需要幼儿的不同障碍制约着他们的游戏方式，甚至可能会失去玩某些游戏的途径和机会。如自闭症会严重阻碍幼儿进行假想游戏的发展，发育迟缓会影响幼儿对游戏的理解，阻碍其很快地参与游戏；下肢残障幼儿没有机会参与到跑跳运动游戏中等。故而，会有不少人认为特殊需要幼儿没有能力参与某些普通幼儿的群体游戏，无形中会将特殊需要幼儿排除在群体活动之外。因此学前融合教育中游戏设计首先要坚持公平性原则，相信每位幼儿都有学习与发展的潜力，认同所有幼儿都有权利在同样的环境中参与高品质的游戏活动，做到"一碗水端平"。当然，特殊需要幼儿参与游戏活动需要一些特殊的支持，如一些特殊的设备、辅具和必要的专业支持，以确保特殊需要幼儿顺利参与游戏并满足个体需要。

(二) 通用性原则

教师要在游戏设计中平衡所有幼儿的共性与个性需求，使所有幼儿都能身心愉悦、积极主动参与游戏。

在融合班级里，教师不必总是重新设计新的游戏，可以对普通幼儿喜欢的游戏进行调整，以满足所有幼儿参与并得到发展的需要。在游戏调整和设计的过程中，教师可以运用学前融合教育课程建构中融入式学习的建构步骤及常用策略（详见《学前融合教育理论和实务》第三章，蔡蕾编，河南大学出版社），以确保游戏环境的无障碍，信息沟通及活动过程的无障碍，促进特殊需要幼儿有效参与游戏，体验游戏的快乐并得到发展，同时也保证游戏目标、活动过程适合普通幼儿的发展和需求。

(三)差异性原则

受生理、环境及教育的影响,特殊需要幼儿有着不同的特质,有着不同的障碍和困难,这决定着他们参与游戏活动有着不同的挑战。所以进行游戏的调整和设计时,教师要充分了解特殊需要幼儿的游戏特征,评估特殊需要幼儿的个体差异、现有能力及其特殊需求。基于评估,从游戏目标、游戏选择、游戏组织、游戏实施和游戏评价五个方面进行调整和设计。

二、调整与设计学前融合教育游戏的十大策略

蔡蕾的《学前融合教育理论与实务》中提到十大策略包括:调整活动目标及流程、分组教学、调整环境、调整材料、简化活动、利用兴趣、同伴支持、特殊器材及改良用具、隐性支持、直接支持。

(一)调整活动目标及流程

根据特殊需要幼儿的发展目标和班级幼儿的活动目标,调整活动流程、实施环节,调整作息时段等。

如:对于体弱幼儿,需要延长他们的休息时间。对于肢体障碍的幼儿,在大量肢体活动时间段,安排能融入的替代性活动。

视情况调整特殊需要幼儿参与的程度,如某些活动可以全程参与,某些活动仅参与某几个环节即可。

(二)分组教学

将班级幼儿分成两组或更多小组,由班内几位教师分开带领,制定分层次的目标。

如：自闭症幼儿在刚开始参与集体性游戏时比较困难，要将班级幼儿分成多个小组，两到三人一组，便于其先学习一对一互动，促进互动的动机，学习互动技巧。

玩球类游戏时，根据班级幼儿的发展能力分组，特殊需要幼儿所在小组幼儿间的能力相当或相差比较小，增进其参与度和与同伴互动合作、发展能力的机会。

（三）简化活动

（1）减少工作步骤，将任务简化。

（2）将复杂的任务分成多个小步骤，一次学习一个小步骤。

（3）将小步骤做成幼儿可理解的顺序图卡（照片、图片等），给幼儿必要的视觉提示，也可以请幼儿完成其中一部分即可成功。

如：乐宝对拼图有兴趣但是又感到受挫，成人帮助幼儿学习先把拼图倒出来，将拼图片的正面都向上，再从拼图的边缘向里拼。

将"丢手绢"游戏的规则分解成多个小步骤，每次在轮到小宝玩时学习一个步骤，其他由老师协助完成。待学会第一个步骤后再专门学习第二个步骤，直到其独立参与游戏。

（四）调整环境

调整物理环境和社交环境，以促进幼儿在游戏活动中的参与和学习。如布置结构化的教室环境、调整物品摆放位置、合理安排座位、提供视觉提示、规定工作区域、匹配同伴教练等。

如：安排有听力障碍幼儿靠近教师和音源，以便看见老师的面部表情、口形，听清楚声音，教师的位置光线要明亮，避免背对着灯光或太阳说话，减少视线干扰。

如果有肢体障碍幼儿在某一个环境中参与活动困难更换活动场地；

将沙池、水池提高以便于有肢体障碍幼儿共同参与。

(五) 调整材料

调整或改变材料的位置、尺寸、大小、色彩、硬度和厚度等，以降低学习、操作难度，调整材料的呈现方式，让幼儿尽可能独立参与活动。

卢明的《学前融合教育理论与实务》中提到了 Mussel white 教授调整材料的十种方法：

（1）固定：将游戏材料固定在稳定的表面，如：桌面、板子。

（2）放大：放大游戏材料来增加视觉的感官知觉，如：大片的拼图、大块的积木。或者加大物件的体积，让特殊需要幼儿容易操作，如加粗把柄的勺子、木棍。

（3）改装：增加其他的物件来让肢体障碍的幼儿容易操作，如在梳子的握柄上粘上泡沫棉。

（4）减少需要的反应：缩短取物的距离、行动的范围，降低行为反应的复杂性，如：将玩具放在幼儿可以自己拿取的矮柜子上，让幼儿在托盘上玩车子，让幼儿拼装已完成部分步骤的拼图。

（5）熟识性：与幼儿的环境相关，如：选择幼儿生活中常见的符号。

（6）具体性：减低抽象的程度，如：示范游戏、增加视觉提示。

（7）去除无关的线索：以幼儿的目标为依据，去除没有相关性的线索，如：幼儿的学习目标是认识形状，就不要提供不同颜色的形状板。

（8）去除干扰的刺激：简化复杂的背景，如：在幼儿练习视觉追踪时，使用深色的背景。

（9）增加或强化线索：增加视觉、触觉的刺激，如：使用明亮、对比的颜色，在辅具开关上粘贴布料。

（10）安全性和耐用性：避免尖锐的物品、避免口水的沾染、增加玩具的强韧，如：在桌角粘贴安全软贴胶带、用瓦楞纸代替硬纸板。

（六）利用兴趣

成人运用幼儿喜欢的玩具、物品、活动和人物，将幼儿喜欢的对象整合到其喜欢的活动中，引发幼儿的兴趣和动机，吸引其参与活动。

如：班级幼儿要玩闯关的情境游戏，童童不太喜欢闯关游戏但是更喜欢拍球，为了吸引他加入，教师把闯关游戏中的第一个环节设计成拍球，当他顺利加入游戏后，老师或同伴支持其持续参与游戏并及时鼓励，待游戏结束后也可以视情况奖励他自由玩球。

（七）同伴支持

通过同伴的示范、协助、鼓励，来促进特殊需要幼儿的参与和学习，在融合班级里，同伴模仿和支持非常有效且具备社会性，是幼儿园运用最多的策略。

如：西西步态不稳容易摔倒，在衔接时间教师安排一或两名熟悉的同伴在其身边，西西可以拉着同伴的手。

幼儿有构音不清的问题，成人安排语速适中、吐字清晰的同伴和他们坐在一起，增加其模仿学习的机会。

（八）特殊器材及改良用具

运用特殊器材或辅具支持幼儿参与活动，增加幼儿使用的方便性，增进幼儿的参与度。

如：幼儿坐在椅子上总是扭来扭去，往椅背上躺，成人为他们配备无靠背的椅子。

制作带有子母粘的布条作为"捉尾巴"游戏中的小尾巴。

（九）隐性支持

在活动中以润物细无声的方式，有目的地安排非显性的、隐藏的事件，自然地支持特殊需要幼儿的学习。

如：在衔接时间，教师给全体幼儿发指令时，微笑地看着特殊需要幼儿，或者"不小心"碰到他，给他一个提醒。

在特殊需要幼儿需要多次练习时，可以在该环节变换不同的花样让班级幼儿兴致勃勃地多重复几次，也自然增加特殊需要幼儿练习的机会。

有的孩子需要感知觉刺激，老师会在衔接时间组织像贴烧饼/烤香肠之类的游戏。老师拿起刷子假装去"刷油""翻身""撒调料"，"刷油"的时候会去挠孩子痒痒；"翻身"后给幼儿的后背挠一挠；"放调料"的时候，会根据不同孩子需要的按压力度去按摩孩子的头。

（十）直接支持

在活动中成人根据幼儿的需要直接介入引导，以支持幼儿参与活动，如成人加入他们的游戏活动，表现出对他们的关注，温柔鼓励的眼神及具体简洁的赞美、示范或协助等，以便延伸幼儿玩的过程或适宜的行为表现，提高幼儿在活动中的持续度和参与度。

如：在"找朋友"游戏中，蒙眼睛的幼儿跟随同伴"找朋友"的歌声去寻找同伴并猜出他的名字。游戏刚开始时，请特殊需要幼儿先观察同伴是怎么玩的，然后老师或者同伴协助他一起玩，摸到同伴后，老师或同伴通过提问帮助他猜出同伴的名字："他的辫子是长长的还是短短的？他的个子是高高的，他姓陈……"在他猜出后，老师或同伴鼓励他："你猜出来了，快和好朋友抱一抱吧！"

三、调整与设计学前融合教育游戏的注意事项

（一）了解特殊需要幼儿的能力及参与游戏的障碍，分析其需求，增进其参与游戏的程度

特殊需要幼儿受自身特质、障碍程度和出生后生活空间、范围及家庭教养方式的影响，他们的游戏与普通幼儿有显著的差异，有着不同的游戏特征。如视觉障碍幼儿较少探索周围环境及环境中的物体，常常习惯独自游戏，且游戏多为重复和固定模式，极少模仿成人和同伴的游戏；听力障碍幼儿在游戏中受到的限制较少，但很少愿意参加社会性表演游戏；肢体障碍的幼儿，很难参加身体动作游戏等。教师了解了这些特征，才能有针对性地调整和设计游戏。

（二）为普通幼儿和特殊需要幼儿设置不同的发展目标及难易程度

由于普通幼儿和特殊需要幼儿有着不同的游戏特征及差异，所以在同样的游戏中，可以有不同的发展目标。普通幼儿有整合性的多个发展目标，避免其对游戏失去兴趣，特殊需要幼儿除体验游戏的快乐外，可聚焦1—2个目标，降低游戏的难度。

（三）尽量减少游戏中过多的随机变化，提前计划对特殊需要幼儿的支持和介入策略

普通幼儿能通过他们的思维想象创造出让人意想不到的游戏活动，他们随时根据自己的想法改变规则及玩法，并做出创意性的尝试

（如：设定特有的符号、线索、物体操作等），教师应将其发展完善得更加精致、多样、趣味。但对于特殊需要幼儿而言，受其游戏特征及性格特质的限制，游戏的弹性及灵活多变会让他们手足无措、不能参与到游戏中，甚至会引发情绪问题。教师要敏锐地发现问题并及时调整，视情况灵活安排小组游戏活动，分出少数幼儿以保证原有游戏的持续进行，支持大部分幼儿继续他们新的尝试。

（四）增进游戏的合作性，减少竞争性

竞争性游戏会激发幼儿参与的主动性，激发幼儿的潜力，但是有时候不适宜的竞争性规则，无形中会成为特殊需要幼儿顺利参与游戏的阻碍，因此，我们建议在设置游戏规则时，注意考虑特殊需要幼儿是否有过大的困难，多设计能够促进相互合作完成的游戏。

（五）平衡幼儿间共性与个性的需求

在幼儿园，同年龄段普通幼儿的整体发展需求共性比较多，便于统一设计集体游戏活动，但是特殊需要幼儿在某些领域的发展与本班幼儿差异较大，存在个性需求，因此，教师需要通过分组、分层次、多形式等方式平衡普通幼儿与特殊需要幼儿之间的共性和个性需求。

（六）支持特殊需要幼儿建立稳定的同伴关系

教师挑选责任心强、稳定性强的普通幼儿与特殊需要幼儿结成同伴。注意要让同伴知道如何支持特殊需要幼儿，协助时可以做什么，以提醒同伴了解并认可特殊需要幼儿的能力，帮助特殊需要幼儿更好地参与游戏，也为普通幼儿提供同伴教导能力的发展机会。教师注意不要只安排一位同伴，要请多个同伴参与协助特殊需要幼儿。教师要适时鼓励和肯定同伴。

第三节　在游戏中支持特殊需要幼儿

游戏在幼儿的学习和发展中起到了核心的作用，在幼儿园的课程中有着重要的地位。在幼儿的游戏过程中，教师承担着观察者、组织者、参与者与引导者的角色，支持幼儿的游戏活动真正发挥关键作用及应有的价值。受众多因素的影响，特殊需要幼儿参与游戏活动存在着不同程度的困难和挑战，有效支持特殊需要幼儿参与游戏，需遵循学前融合教育课程建构和实施的相关理念和原则。教师要充分认可特殊需要幼儿有游戏的意愿和能力，相信通过有效的支持他们能参与游戏活动。下面我们从游戏的准备、过程和评价三个环节做具体分享。

一、游戏活动的准备

（一）创设无障碍的游戏环境，提供适宜的游戏材料

首先，需要考虑建筑和设施的无障碍，如坡道、扶手、无障碍电梯、无障碍卫生间等设施的调整与改造；教室空间的布置与安排无障碍，如防滑垫、尖角护具等安全设施，或者根据幼儿的不同障碍类型调整桌椅高度、布置视觉提示等空间安排；信息无障碍，如为有听力障碍、语言障碍等幼儿采用多元的教学方式；另外，还有提供视觉提示、听觉提示和科技辅具，如电子沟通板，可用于支持听力障碍、语言障碍的幼儿。

（注：视觉提示。视觉提示既是创建无障碍物理空间环境的重要方

式，又是支持特殊需要幼儿获取信息的重要渠道。教师通过图片或者画简笔画的形式与有需求的幼儿进行沟通，如用图片呈现一日生活流程。面对语言表达与理解困难的幼儿，教师可提前制作一些常用的图片随身携带以便随时与其沟通；或者通过现场画简笔画帮助幼儿理解一些内容，如理解活动内容、活动流程、活动规则等，此方法适用范围较广，且有利于吸引幼儿的注意力，包括教学活动设计、解决幼儿间冲突或者与幼儿沟通等诸多环节。）

（二）保证充足的游戏时间

有充足的时间保证，幼儿才有可能真正投入、探索和享受游戏的快乐。如果游戏时间仓促，特殊需要幼儿可能无法进入游戏，更不能深入了解活动的玩法或者玩具的特性，降低游戏的作用，阻碍特殊需要幼儿对游戏的兴趣。在支持特殊需要幼儿参与游戏的同时要做适度调整以保持普通幼儿参与游戏的兴趣。

（三）了解特殊需要幼儿的障碍状况和需求

特殊需要幼儿与普通幼儿一样，身心需要全面发展。有别于普通幼儿的是，掌握生活自理的必备技能、社会交往技能以及感觉统合的发展，是他们融入普通班级、顺利跟随班级一日作息及参与同伴游戏的重要能力。所以教师在调整与设计学前融合教育游戏时要关注特殊需要幼儿以上几个方面的发展目标，特别是在游戏中创造机会，满足特殊需要幼儿的功能性机能发展及感觉需求。

（四）分析特殊需要幼儿参与游戏需要的支持

结合参与游戏的特殊需要幼儿的能力现状和学习特点，对现有游戏活动的目标、材料、玩法等环节逐一分析，明确特殊需要幼儿参与该游戏的困难和挑战，从而对游戏活动的准备和组织过程进行适宜的调整，支持特殊需要幼儿实质性地参与游戏。

（五）对游戏内容进行调整并做好记录

教师依据分析结果，运用融入式学习的十大策略或以活动本位常用策略，对游戏活动进行适度调整，制定游戏计划，进行相关场地及材料调整，简要表述游戏过程中需要运用的支持策略，如需要运用同伴支持，提前与协助支持的幼儿进行详细沟通。

（六）特殊需要幼儿参与游戏的关键经验和能力的准备

教师分析特殊需要幼儿参与游戏需要的前备能力，在组织游戏前进行前备能力的学习，以免特殊需要幼儿因经验或者能力不足而参与游戏困难，产生挫败感。

二、游戏过程中的引导和支持

在幼儿游戏过程中，教师针对普通幼儿的引导及支持策略同样适用于特殊需要幼儿。这里有三点补充：

（一）保护和支持特殊需要幼儿自主、自发地游戏

在日常工作中，许多教师偏重于把具有目标性的、对特殊需要幼儿具有一定发展意义的活动称之为游戏，特殊需要幼儿的自主、自发游戏常常被教师定为"违规"活动，而扼杀了特殊需要幼儿自主游戏的愿望和机会。特殊需要幼儿的自主游戏没有功利性的目的，能带给他们快乐的感受及能力的发展，教师要予以支持和引导，当然也要注意识别并消退和替换他们不当的自我刺激活动。

（二）教师适当的观察与引导，适时介入

在游戏组织过程中，教师依计划实施为特殊需要幼儿参与游戏而调整的策略。教师要进行有效分工和合作，主要组织者关注所有幼儿的游戏过程及需求，配班教师视需要陪伴特殊需要幼儿，观察游戏，支持其参与游戏。教师要通过观察，根据特殊需要幼儿在游戏中的参与表现，及时给予恰当的引导和介入。加入他们的游戏活动，表现出对他们的关注，及时给他们眼神的鼓励和言语的赞美，必要时协助或示范。

如：如果幼儿不愿意主动参与音乐游戏活动，教师静静地等待，给幼儿一个温柔又期待的眼神，只要幼儿表现出一点参与的意愿，都给他们肯定的眼神、微笑或语言鼓励。如果幼儿总是一个人玩玩具，成人或同伴拿出同样的玩具在幼儿身边玩，并发出有趣的声音引起他们的注意，引导他们慢慢进入互动。

（三）注意游戏过程中的安全指导

在游戏的过程中，教师要密切关注并消除不安全因素，包括特殊需要幼儿生理及身体需求，预防在游戏活动中，有时同伴支持需要特殊需要幼儿遵守游戏规则，特殊需要幼儿不理解或无法表达，容易出现肢体冲突等。允许特殊需要幼儿在教师同意后，提前结束游戏活动，帮助幼儿学习如何避免冲突以及用正确的方式解决冲突（如冲突解决六步骤，可参考阅读《你不能参加我的生日聚会》，贝奇·埃文斯著，洪秀敏等译）。

例如：1.唐氏综合征幼儿多数伴随有先天性心脏病，注意不要参与过度激烈的活动，在活动中注意观察幼儿的呼吸、面色和参与状态，及时提醒幼儿休息。

2.翔翔和墩墩、铭铭和壮壮通过黑白配分成两组，一组跑另一组追，玩追逐的游戏。他们石头剪刀布决定翔翔和墩墩跑，铭铭和壮壮去追。壮壮说："我跑得快，你们先跑我再去追。"等翔翔和墩墩跑很远后，铭铭和壮壮才去追，因为铭铭跑得快，很快追上了墩墩，但是墩墩放声大哭，边哭边说："谁让你抓我衣服呢？"看到铭铭手足无措，仿佛自己犯了很大错的样子，身后的壮壮和翔翔也赶过来一脸茫然地看着他俩。于是我们坐在草坪上开始了冲突解决六步骤。

三、游戏活动的评价

我们要常常审视对游戏所做的改变和调整是否是有效的，是否能够提升特殊需要幼儿游戏的参与度及与同伴交往的能力。我们需要通过有规则的监督和评价来提高学前融合游戏的质量，也需要通过一些问题来提醒自己进行批判性反思并予以改进，形成良性循环。《手牵着手——融合教育》这本书中提到了以下几点可以作为评价的参考问题：

（一）对活动准备的评价

1. 与环境和材料准备有关的问题

（1）活动的场所是否对所有的孩子都是安全的？哪些部分可能对普通幼儿安全但是对某些特殊幼儿来说是有潜在危险的？

（2）活动的场所，有多少可以调整的弹性和空间，以便特殊幼儿参与？

（3）游戏活动器材设备或材料，对特殊幼儿来说是否合适？可以有哪些弹性的调整？

（4）游戏活动器材或材料的使用方法，可以如何调整以帮助特殊幼儿的参与？

2. 与目标有关的问题

（1）如何将游戏的趣味性与所有幼儿的目标相结合？

（2）游戏活动的目标或技能要求，对特殊幼儿而言有多少是可以调整的？如何调整？

（3）如果特殊幼儿在一些游戏目标或技能上有困难，该如何调整？

（二）对游戏过程中的评价

1. 成人和同伴支持相关的问题

（1）特殊幼儿可能需要什么样的特别协助？

（2）有哪几名幼儿可以成为该活动的小帮手呢？

（3）哪几名幼儿可以在游戏中与特殊幼儿结对或组成一个小组？

（4）在结队之前，老师如何向这几名幼儿先做必要的解说或者指导？

2. 活动参与相关的问题

（1）如何做可以让特殊儿有最大的参与？

（2）如何调整可以让特殊幼儿用自己的学习方式就可以参与活动？

（3）游戏活动如何调整可以增进合作性，减少比赛性质的竞争性？

（4）游戏活动会不会对某个孩子太简单或者太难？会不会对某个孩子来说太快或者太慢了？如何调整？

（5）活动的进行是否可以预见到可能会有哪些干扰，从而影响了活动的进行？可以如何解决呢？

（6）如果某个幼儿打断了活动，你会如何应对？

3. 幼儿社会性发展相关的问题

（1）幼儿与同伴一起玩的次数、频率和意愿增加了吗？

（2）幼儿与同伴互动时的方法、经验有没有增多？

（3）幼儿喜欢的游戏、玩具或者玩伴增加了吗？

（4）幼儿与同伴的矛盾和冲突是变多了还是变少了？

📖 拓展资料

Jasper提供关于自闭症谱系的循证信息，幼儿功能性游戏的发展阶段及说明如下（见1-1、图1-2和表1-1）：

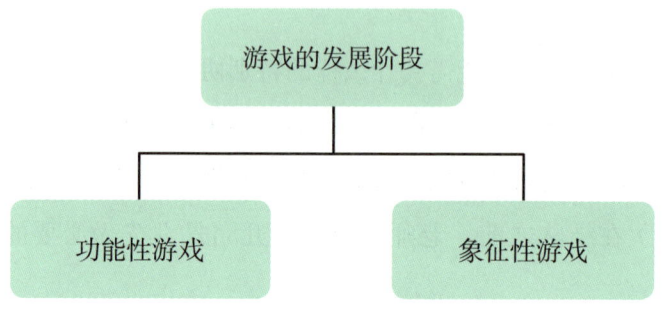

图1-1　游戏的发展阶段

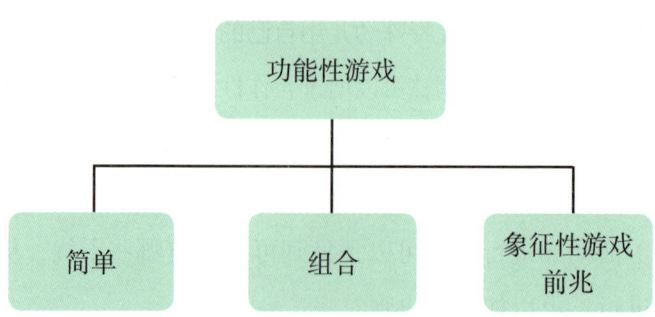

图1-2　功能性游戏

表 1-1 游戏的发展阶段

发展阶段	表现方式	说明
简单	随意的/不加判断的游戏（探索阶段）	在游戏中，对所有的材料都是同一种使用方式（如放进嘴里）
	判别式行为	单一的、因果作用游戏（如弹出式玩具）
	拆卸	拆卸拆分、碰撞、倾倒玩具
组合	展示组合	碎片有一个特定的正确位置（如嵌板）
	普通组合	堆叠，搭建（如乐高，积木）
象征性前兆	常规组合	在实际生活中摆放在一起的物品
	物理组合	用现有材料来创建表示其他事物的（如用积木盖城堡）
	假装自己	对自己或其他人进行熟悉的行为（如假装打电话）
	幼儿作为代理人	对玩偶进行熟悉的行为（如喂玩偶吃饭）
	单一方案	对两个或多个玩偶进行熟悉的行为（如喂多个玩偶喝水）
象征性游戏	代入/替换	假装某样物品是另一种物品或者假装某样物品的存在（如假装香蕉是电话；假装玩具茶壶里有水并沏茶）
	玩偶作为代理人 & 多方案	给予玩偶生命（如玩偶在睡觉）
	社会戏剧化 & 主题化	角色扮演（现实生活中熟悉的角色或虚拟人物）

第二章
特殊需要幼儿游戏支持策略

幼儿的特殊教育需要既包括那些因身体的、感觉的、心理的缺陷或情感上、行为上的失调导致的对教育的地点、内容、时间或方法的特殊需要，也包括其他有某种困难的幼儿对教育的某种特殊需要。他们由于个体差异不同，对教育的需要程度也不尽相同。本章将选择智力障碍、听力障碍、肢体障碍、自闭症谱系障碍、视力障碍这几种障碍类型的幼儿进行阐述，谈一谈他们的基本发展特点、参与游戏的障碍以及一些通用的支持策略。对于幼儿园其他障碍类型的孩子，这些策略大多可以通用，如"明星时刻"和"新生欢迎会"，详见《有听力障碍幼儿游戏的支持策略》环境中的支持2。同时多数特殊需要幼儿及部分普通幼儿均有感觉统合的需求，因此，我们在本章中也会特别介绍如何支持有感觉统合障碍的幼儿参与游戏活动。

第一节　有智力障碍幼儿的游戏支持策略

一、有智力障碍幼儿的发展特点

智力障碍幼儿一般是指由于大脑受到器质性的损害或是由于脑发育不完全从而造成认识活动的持续障碍以及整个心理活动的障碍。智力障碍幼儿主要有以下发展特点：

（1）较长时间都处于具体形象性思维水平，语言理解能力的发展优于语言表达能力。

（2）依靠直接的感官体验学习，在感知觉方面有一定的困难。如不能轻易地辨别空间方位、不容易辨别和比较人与人之间的不同等。

（3）注意力时长比较短。他们不能同时专注很多事情，对于不同的刺激比较难以转移注意力。

（4）记忆的内容存留时间短。容易忘记学过的内容，难以记住一连串的指令或者规则。学习的速度会更慢一些。

（5）逻辑思维能力弱，对复杂的数理概念理解困难。

（6）大运动能力和精细动作发展相对低于实际年龄水平。

二、有智力障碍幼儿游戏的困难和挑战

（一）环境中的障碍

（1）容易受复杂和吵闹的环境影响而分心，不易同时注意多个内容或者要求，难以分辨重点。

（2）抽象的、平淡的环境和活动设计难以引起他们的注意。

（3）因记忆内容存留时间短，不容易记得多个连续的步骤和顺序。

（4）随机学习能力比较弱，需要通过刻意指导或积累相当多的经验才能够学会。

（5）游戏活动转换困难，难以开始游戏或者不愿意结束游戏。

（二）过程中的障碍

（1）可能会因没有听清楚玩法或记不住游戏的规则，而不能持续参与活动。

（2）跟不上同龄孩子游戏活动的水平和难度。

（3）因为难以理解游戏规则导致其参与困难。

（4）在抽象的、稍复杂的游戏活动或者创造性活动中表现出"看热闹"的状态，有些时候会产生挫败感。

（5）与同伴的互动和沟通受限。

三、有智力障碍幼儿游戏的支持策略

（一）环境中的支持

1. 物质环境的支持

（1）消除容易让人分心的事物，如过多的、不必要的声音及物品。

（2）提供丰富适度的材料。他们需要的学习刺激比较强，多种丰富的呈现方式才能吸引到孩子的注意。

（3）使用必要的视觉提示。如拍球活动，可以将拍球的图片出示在幼儿的个人活动表中，帮助幼儿提前清晰了解自己在此时间段需要进行的活动。对于多个连续的步骤和顺序，用图片的方式展示提示幼儿了解。

（4）尽量多地安排幼儿间两两一组或小组学习的机会，给予充足的练习的机会。

（5）以合适的音乐作为开始或结束游戏的信号，比如当幼儿听到《小松鼠进行曲》就知道准备要集合。

2. 人文环境的支持

（1）创设良好的接纳环境，善于发现孩子身上的优势，与该幼儿建立良好的关系，并支持他与同伴维持相对良好的关系。

（2）多给予孩子鼓励，善于借助他们喜欢的事情或者物品来帮助他们建立主动参与和独立完成的意识和习惯。

（二）过程中的支持

1. 介绍游戏规则时语言要简洁，要求应明确易于理解

需要注意在建立规则的同时，也可以在衔接时间或户外活动时间，给予幼儿自由活动的时间，让其自由选择自己喜欢的活动，如滑滑梯、荡秋千等，适当时候进行放松与释放剩余的精力，这样在松弛有度的环境中更有利于幼儿规则的建立。

2. 利用兴趣

以他们感兴趣的活动吸引其加入游戏，鼓励他们持续参与。如：班级幼儿要玩闯关的情境游戏，童童不太喜欢闯关游戏更喜欢拍球，为了吸引他加入，教师把闯关游戏中的第一个环节设计成拍球，当他顺利加入游戏后，老师或同伴支持其持续参与游戏并及时鼓励，待游戏结束后也可以奖励他自由玩球。

3. 简化活动及直接支持

要把一个活动分成多个步骤，利用视觉提示画图谱，帮助其学习理解游戏的玩法及规则，成人有计划性地支持他学习玩法。如："丢手绢"游戏步骤分解成：发现手绢后会拿起手绢追逐同伴；丢手绢时能将手绢放到一名同伴身后，立即绕圈跑回到自己的座位上。前几次玩时，每次有同伴丢到他身后时都学习第一个步骤，直到学会，教师带领他完成其他步骤。学会第一个步骤后再玩"丢手绢"时，第一个步骤他独立完成，每次轮到他当丢手绢的人时，都专门学习第二个步骤，直到学会。教师可以分步骤逐个支持他们反复参与学习，直到他们能独立参与游戏。此外我们在进行步骤设计的时候也要结合智力

障碍幼儿的实际情况，如轻度的智力障碍幼儿，我们的步骤可以少一些，重度的智力障碍幼儿则需要我们将步骤分的再细一些。

4. 同伴支持

安排他们与稳定性强、责任心强且乐于助人的同伴在一个小组或者结对。同伴要知道他们需要的支持，知道如何支持他们。

5. 给予充分的练习机会，尽可能多地进行示范

教师在支持智力障碍幼儿参与游戏活动时，对于他们所学的游戏活动，可以在一些衔接时间邀请同伴与他们多进行几次练习，做好游戏前的能力准备，从而加深对这个游戏的理解及记忆。

第二节　有听力障碍幼儿的游戏支持策略

一、有听力障碍幼儿的发展特点

听力障碍是指由于各种原因导致双耳不同程度的永久性损伤，听不到或听不清周围环境声及言语声，以致影响日常生活和社会参与。根据我国 2011 年 5 月 1 日实施的《残疾人残疾分类和分级》提出的分级标准，听力障碍分为四个级别：

听力残疾一级：听觉系统的结构和功能方面极重度损伤，较好耳平均听力损失 ≥ 91dBHL，在无助听设备帮助下，不能依靠听觉进行言语交流，在理解和交流等活动上极度受限，在参与社会生活方面存在极严重障碍。

听力残疾二级：听觉系统的结构和功能重度损伤，较好耳平均听

力损失在81—90dBHL之间，在无助听设备帮助下，在理解和交流等活动上重度受限，在参与社会生活方面存在严重障碍。

听力残疾三级：听觉系统的结构和功能中重度损伤，较好耳平均听力损失在61—80dBHL之间，在无助听设备帮助下，在理解和交流等活动上中度受限，在参与社会生活方面存在中度障碍。

听力残疾四级：听觉系统的结构和功能中度损伤，较好耳平均听力损失在41—60dBHL之间，在无助听设备帮助下，在理解和交流等活动上轻度受限，在参与社会生活方面存在轻度障碍。

随着科技的发展，有听力障碍幼儿（以下简称"听障幼儿"）常常佩戴了人工耳蜗或助听器。通过辅具提高他们的听力水平。他们主要有以下发展特点：

（1）身心发展的基本规律与普通幼儿基本一致。

（2）主要依靠视觉、触觉和动觉来感知周围的事物，观察能力和动手能力极强，触觉会非常灵敏，但是对复杂的事物和环境感知不完整。

（3）主要通过模仿学习，思维发展处于具体形象水平，对形象直观的内容记忆比较快，靠直接经验获得知识，记忆和理解抽象的内容比较困难，因此难以准确理解一些概念，会忽视对事物本质的认识。

（4）有意注意发展缓慢，稳定性不够，容易分散注意力。

（5）语言能力多低于实际年龄水平，主要通过在普通的环境中模仿和不断地运用而得到发展，部分幼儿能够借助手势语交流。

（6）由于理解困难，易产生误解、猜疑和情绪，个别幼儿自制力较弱，易着急。

二、有听力障碍幼儿游戏的困难和挑战

（一）环境中的障碍

（1）距离、噪音、回音、光源等因素，都影响到人工耳蜗或助听器声音的品质和学习效果。幼儿园室内外环境通常比较嘈杂，班级活动杂音会被助听器接收并放大，干扰听的质量。因此幼儿听的效果会比较差，且幼儿离说话的人越远听到的音量越小。

（2）幼儿剧烈的活动可能会使助听器或人工耳蜗体外的言语处理器掉落。

（3）辅具的问题：如果助听器或人工耳蜗接触潮湿的环境，或者人工耳蜗设备不及时清洁，都会影响听的质量；开关是否打开、电池是否有电、音量和音质是否正常、耳膜软管是否有裂缝等都可能影响听的质量。

（二）过程中的障碍

（1）因感知活动受限，他们接收到的信息不完整，会影响其对游戏活动的理解和参与度，可能会慢半拍或者比较被动。比如在户外玩自由传球游戏时，可能会因为没有听清楚规则无法深度参与。

（2）因听力效果不好、语言发展受限，他们在与同伴之间的交往和互动时存在困难。比如同伴在较远的地方与他说话时，可能会因听不到而没有反应；同伴说得太快而需要较长时间的反应；因为语言不清晰得到同伴的理解等。

（3）听集体指令困难。

（4）表达者的语速过快、语调单一、没有重点，以及使用听力障碍幼儿不熟悉的语词，都不利于其倾听的质量。

三、有听力障碍幼儿游戏的支持策略

一般情况下，听障幼儿能够参与所有形式的游戏。融合教育有助于听力障碍幼儿游戏水平的发展，埃斯波西托和库尔兰德（Esposito&Koorland，1989）的研究发现，单独编班听力障碍幼儿的平行游戏水平比较常见，而融合班级听力障碍幼儿的联合游戏发生十分普遍，游戏水平有得到提升。

在游戏活动中，我们可以对有听力障碍的幼儿给予以下支持：

（一）环境中的支持

1. 物质环境的支持

（1）游戏活动设计要丰富多彩，给予其丰富的环境刺激，以便能满足其多感官的需要。

（2）活动前要仔细安排和检查环境，避免产生过多的噪音。

（3）安排其靠近教师和音源，以便看见教师的面部表情、口形，听清楚教师的声音。教师的位置光线要明亮，避免背对着灯光或太阳说话，减少视线干扰。

（4）虽然人工耳蜗具备防潮、防静电、抗冲撞等防护功能，仍然要注意不要做剧烈运动避免碰撞。定期对外耳道和外部设备进行清洁，尽量避免潮湿和静电。也要保持助听器的干燥及定期保养，当不使用助听器时，要取下放在干燥盒内。

2. 人文环境的支持

（1）营造接纳、有爱的氛围。不要轻易降低对听力障碍幼儿的期待，以他们擅长的接受信息方式呈现信息，并支持他们通过多种的表达方式在游戏中学习，多鼓励并给予他们展示的机会建立其信心。比如请运动能力不错的听力障碍幼儿，向班级幼儿展示投掷、跳跃、夹沙包击中目标，或者踩高跷等游戏活动的动作要领。

（2）通过"新生欢迎会"，教师要先向班里的幼儿介绍听力障碍幼儿：为什么小朋友在远处叫他没有答应？他耳朵旁戴的是什么？怎么保护？——你们一样可以成为好朋友等等，引导他们知道每个小朋友都有遇到困难的时候，能理解听力障碍幼儿的困难，并知道如何相互帮助。

（3）通过"明星时刻"，请小朋友们说说听力障碍同伴身上的优点，知道每个小朋友身上都有闪闪发光的优点，增进班级同伴对他的了解，同时增强该幼儿的自信心，安排合适的同伴支持。

（二）过程中的支持

1. 在游戏活动时特别是体能游戏，避免受到器械的撞击

听障幼儿一般佩戴有助听器或人工耳蜗，在活动中过于频繁的振动有可能会导致其脱落，如果在活动中不小心碰到或者受到撞击，幼儿有可能会颅骨受伤而导致耳蜗损伤。

2. 成人的支持

（1）介绍及组织游戏时要放慢语速，重复和加强关键的字和词，或者说到关键的内容时可以面对着听力障碍幼儿，以引起听力障碍幼儿的注意。

（2）在介绍游戏规则或者带领活动时，要稍微停顿之后再换指令。

（3）用多种方式帮助幼儿感知和理解。提供必要的非语言沟通，如图谱、肢体动作等进行互动，通过观察图谱、模仿拍节奏动作等方式增进他们的参与。再如，在玩"老狼老狼几点了"的游戏时，老师

可以在开始之前先示范，老狼要边说边用手指比出来相应的时间或出示时间的卡片。

（4）鼓励其主动沟通、表达和交往。教师可通过示范引导其参与到游戏中，帮助他知道怎么玩；让其有与同伴分享故事、讲解游戏规则的机会。

（5）在活动中，听力障碍幼儿往往会比同伴更集中注意力，容易产生精神及情绪上的疲劳，请安排其在游戏中注意间歇。

3. 同伴的支持

游戏时安排同伴支持，教师提前与幼儿讨论在这个游戏中听力障碍幼儿有哪些需要，同伴知道如何帮助。如请愿意当其好朋友的幼儿在玩游戏的时候挨着他，帮助他理解指令和规则。

4. 鼓励支持

鼓励听障幼儿有积极大胆参与各类游戏活动，提升其对游戏的参与度和持续度，当幼儿展示出努力参与、克服困难等美好品质时，及时鼓励。

第三节　有肢体障碍幼儿游戏支持策略

一、有肢体障碍幼儿的发展特点

有肢体障碍的幼儿大多因幼年的疾病如脊椎损伤、脑性麻痹、肌肉萎缩或者发生事故，而导致难以自如地控制自己的身体，在行动上会遇到困难和障碍。部分有肢体障碍的幼儿需要使用拐杖、轮椅等辅助工具。肢体障碍幼儿主要有以下发展特点：

（1）外观上的差异、行动和自理方面的受限，给幼儿带来生活的不便。

（2）有肢体障碍的幼儿可能会产生敏感，自我防卫，感到受挫，焦虑等心理，适应环境困难，对周围环境有不安全感。

（3）因肌张力过高、过低或不协调而影响其动作技巧的发展。

二、有肢体障碍幼儿游戏的困难和挑战

（一）环境中的障碍

（1）幼儿园缺少必要的无障碍设施设备和辅助工具，可能会不利于有肢体障碍幼儿自由行动和参与游戏活动，如无坡道、电梯、抬高的沙池或水池。

（2）部分有肢体障碍幼儿动作缓慢或行动能力受限，大运动及精细动作受限。

（二）过程中的障碍

（1）部分有肢体障碍幼儿或许伴随有语言发育迟缓，与同伴互动和交流会受到一定限制。

（2）部分有肢体障碍幼儿行动不便或有差别的肢体动作也许会引起同伴的不理解，从而使其产生不安全感和自卑心理，更难以适应和融入环境中。

（3）部分又肢体障碍幼儿不易参与常规的体能活动。

三、有肢体障碍幼儿游戏的支持策略

因生理上损伤的严重程度不同，肢体障碍的类型和遇到的障碍也会有所不同，有肢体障碍幼儿受限最多的是那些与身体运动有关的游戏活动。教师要从他们的实际需求出发，调整环境和活动，关注他们的心理需求，以减少活动的阻碍，满足他们的个体需求。

（一）环境中的支持

1. 物质环境的支持

（1）改建、调整无障碍设施。为其提供参与各类活动的机会，如抬高的沙池、戏水池。

（2）检查是否有足够的空间可以自由活动和方便进出，检查材料的安全性和便利性。

（3）教师可直接询问肢体障碍幼儿，周围的哪些环境和材料对其参与游戏造成了障碍，并积极地及时进行调整。

（4）适当安排座位和座椅，必要时提供辅助工具，如防滑的桌垫、握球器等。

（5）调整器材、如使用较大的球。

2. 人文环境的支持

（1）首先教师要重视其对参与游戏的渴望，不能因其行动不便就取消他们参与游戏的资格，也不能以照顾的态度仅仅给予他们旁观的角色，而是要鼓励他们参与并给予合理的期待。

（2）建立友好的融合氛围，强调同伴之间要相互帮助。教师可以通过"新生欢迎会"介绍该幼儿和其障碍特点（该幼儿入班前），通过障碍体验的活动引导幼儿了解有肢体障碍幼儿的不便之处，并讨论如何协助有肢体障碍幼儿。如理解脑性麻痹的幼儿无法任意支配自己的身体，动作会比较慢需要等一等；说话可能不太清楚需要耐心听等等。

（3）通过"明星时刻"，请小朋友们说说有肢体障碍同伴身上的优点，如积极参与值日，热心帮助别人等。知道每个小朋友身上都有闪闪发光的优点，增进班级同伴对他的了解，同时增强该幼儿的自信心。

（二）过程中的支持

（1）简化活动给予必要支持：仔细观察他们在活动中的所有情况，分析该活动中的哪些技能是参与活动所必需的，进行任务分析，从而给予合适的支持。

如"打地鼠"游戏，重点培养的是幼儿的反应和躲闪能力，其他幼儿在被拍前要迅速蹲下去，他们可能下蹲困难、行动缓慢或者坐轮椅，那可以把蹲下去的动作调整为往旁边躲闪，或者用喊声代替（喊的早就是没有被抓住，如"没抓住"，听到喊声，抓地鼠的人可以被冻住）。

（2）鼓励合作性游戏，减少竞赛性游戏。如合作运球游戏重点在于培养幼儿间的合作精神，往常单一的竞赛规则是"看看哪组最先运完所有的球"，会无形中阻碍了他们的参与。可以将规则调整为"看看哪一组能想到更多合作运球的方法"，幼儿会从关注速度到关注如何合作创造新的玩法，培养所有幼儿合作和创新能力，有肢体障碍幼儿的参与度、积极性、潜力也有机会得到最大的发挥。

（3）在体能运动游戏中增加肌肉伸展的练习活动。

（4）要注意游戏和活动的安全，为参加游戏活动的所有幼儿讲清楚对游戏所做的调整内容。在体能运动游戏中，允许他们中途休息。

第四节 有自闭症谱系障碍幼儿游戏的支持策略

一、有自闭症谱系障碍幼儿的发展特点

自闭症（Autism Spectrum Disorder or ASD）是一种复杂的脑神经发展障碍，自闭症幼儿认知世界的方式不同，在与人交往、理解细微表情和身体动作等方面都比较困难。有自闭症谱系障碍幼儿（以下简称"自闭症幼儿"）有以下发展特点：

（1）视觉学习优于听觉学习。

（2）在固定的、有规律的流程中显得比较自在，同时能很好地遵守规则。

（3）人际互动、社会交际、理解社会规则和社会行为存在困难。多表现为：说话时眼睛不看人；他人打招呼不响应；表情变化少；很少主动找玩伴，有需求时才会找大人；不善模仿、无法了解他人的肢体语言和情绪反应；不懂得社会规则，以致环境适应困难。

（4）语言沟通存在困难和障碍。多表现为：语言发展迟缓，对他人指令充耳不闻，如鹦鹉式的仿说、答非所问、自言自语、不会和别人一来一往对话、只说自己有兴趣的话题，说话咬字或音调异常等。

（5）固定反复的行为、狭隘的兴趣和游戏活动。多表现为：对某物（如会旋转的物体）特别偏好，执着于固定的玩法、流程、路线或食物，若有改变则会产生强烈情绪反应和哭闹行为。重复转圈、排列物品、拍打纸片、摇晃身体或手指。感知觉特殊的需求，过度敏感或

迟钝，如排斥洗脸刷牙，害怕某些他人习以为常的声音。擅长机械性的操作，拙于角色扮演或想象性游戏。

二、有自闭症谱系障碍幼儿游戏的困难和挑战

由于自闭症幼儿自身的社交沟通障碍及兴趣与行为的特殊性，他们在参与游戏的方法上需要学习更常规化的方式，所以游戏对于大部分自闭症幼儿来说是一项需要后天学习的技能。

（一）环境中的障碍

（1）自闭症幼儿很难顺利转换环境和活动。如当他们固定的行为或者习惯被改变时，会产生不安或者害怕、生气的情绪。

（2）当遇到挫折时，有些自闭症幼儿因无法接受而会产生自我刺激，如不停地晃动身体；或者产生情绪，如哭闹、喊叫、焦躁等，也有可能会产生自我刺激或攻击性行为。

（3）自闭症幼儿有些固定的行为模式难以被别人理解。

（二）过程中的障碍

（1）自闭症幼儿不理解游戏规则和意义，难以管理自己的行为，会用不恰当的方式参与游戏。

（2）程度较轻或者亚斯伯格、边缘型自闭症幼儿需要在提示下参与游戏，能够模仿、跟随规则。

（3）程度中等的自闭症幼儿理解游戏稍有困难，或在游戏中无所事事，需要老师示范、协助或者多次重复。

（4）程度比较重的自闭症幼儿往往因为对群体游戏不理解和不感兴趣而游离在群体活动范围之外，常常专注于自己感兴趣的事情。

（5）自闭症幼儿较难理解和参与带有一定想象性的角色扮演游戏活动。

三、有自闭症谱系障碍幼儿游戏的支持策略

（一）环境中的支持

1. 物质环境的支持

（1）给予自闭症幼儿适当的视觉提示。比如在活动卡上贴上简单的活动照片或老师照片，提前告诉孩子等会儿要玩什么游戏。

（2）给予自闭症幼儿充分自主游戏的机会，平衡好教师组织的游戏和自主游戏的时间。

（3）将其安排在比较方便听到教师讲话的位置。

（4）消除容易让人分心的事物，如嘈杂的声音、可旋转的装饰、彩灯等。

（5）按照相同的模式开展新的游戏。

2. 人文环境的支持

（1）教师通过"新生欢迎会"先向班里的幼儿介绍自闭症幼儿。为什么叫他不回应？为什么他喜欢做一些看起来不一样的动作？为什么他会突然哭了？他很想跟你一起玩但是不知道怎么跟你一起玩等等，消除班级幼儿对他的不理解，同时引导他们知道每个小朋友都有遇到困难的时候，他们一样可以成为好朋友，自闭症幼儿需要小朋友们帮助他参与进来。

（2）通过"明星时刻"，请小朋友们说说自闭症同伴身上的优点，如：善于观察；能长时间专注于自己喜欢的感兴趣的事情；非常诚实不撒谎。知道每个小朋友身上都有闪闪发光的优点，增进班级同伴对

他的了解，同时增强该幼儿的自信心。

（二）过程中的支持

1. 游戏过程中使用有效的沟通策略

与其沟通时要语言精简，慢速，展示和重复。语言要简洁，根据其接收信息的理解程度，给予明确的指令，如用"小宝（自闭症幼儿）和小明（他的好朋友），请收篮球"代替"我们都要收篮球了哦，每个人都要收，不然下次我们就找不到球了。"当自闭症幼儿学习用新的词语或句子表达时，一定要尽可能创造机会在不同的情境中都能反复应用。

2. 加强其他感官刺激

在介绍游戏玩法时视情况加强其他感官刺激（如触摸、气味、味道等）。

3. 逐步引导自闭症幼儿学习如何与同伴进行游戏

（1）以自闭症幼儿感兴趣的玩具为载体增进其与同伴互动的技巧。如乐高、积木、汽车、飞机、带轨道的小火车、可旋转的风车等，用多种方法激发幼儿的好奇心和兴趣，创造机会增加其与普通幼儿的交往频率。

（2）先从简单的肢体游戏开始逐步增进自闭症幼儿参与游戏的程度。通过鼓励、示范，带领其参与到同伴的游戏活动中。多做能促进幼儿模仿以及玩有一来一往的活动。带着幼儿逐步参与须轮流等待、分享及有简单规则的活动。

（3）发挥同伴支持的作用。安排具备较佳社交技巧的同伴与他互动，刚开始时先有固定的玩伴，以帮助自闭症幼儿积累与同伴互动的经验。分组游戏时，从两人一组开始逐步增加。先考量幼儿和同伴之间是否有情感基础，有意识建立融合氛围鼓励自闭症幼儿与其之间真实的友谊。

小团体的游戏同伴，能够影响外部群体对于自闭症幼儿的观感和认识，从而形成有利于自闭症幼儿的支持环境。假使自闭症幼儿也能在游戏活动中成为社交高手，这将会帮助他们赢得更多的友谊，在环境中适应得很好，从而让自闭症幼儿"消失"在人群中。

4. 拓展自闭症幼儿游戏的技巧

帮助自闭症幼儿专精某些游戏能力。自闭症幼儿参与的游戏最好是结构性、规则性的，同时也应更单纯可控，如抓金银、冬天到雪花飘、蝴蝶飞呀飞，这样能够有效避免他们注意力容易转移的问题，让幼儿便于在游戏中形成共同的关注点。

5. 提供适度的支持

教师恰当引用渐进式引导，初期由成人来开启游戏并逐步放手。刚开始成人的注意力要合理分配在这两三个幼儿身上，控制好节奏，维系好互动品质。当孩子们出现争执和讨论时，自闭症幼儿通常比较弱，应帮助他们放慢节奏、细化、视觉化游戏内容；当游戏偏向狭隘能力时，自闭症幼儿通常会发挥出极高的能力，普通幼儿更容易受挫，此时应帮助普通幼儿；当双方可以有效互动时，成人要及时退出，不介入不插手，但要时刻在旁观察，随时根据变化提供帮助。循序渐进，慢慢加入变化，提高游戏的难度。

6. 平衡共性与个性

教师组织幼儿参与与其实际发展水平相符的游戏。常见的自闭症幼儿停滞点或者说是比较重要的突破点有共同注意力、模仿能力、表达请求或要求、回应、假想等，多设计该方面的游戏活动增加他们学习的机会（可参考第三章第三节基础互动游戏）。为他们提供的游戏是需要与他们的最近发展区相符的（Vygotsky，1978），同时把握好本班组幼儿间共性和个性需求的平衡，进行分层次分小组活动。

体感游戏和音乐游戏对自闭症幼儿的发展有益，体感游戏能有效提升自闭症幼儿的上下肢动作能力和视觉动作协调能力，并有助于减少问题行为、提升课堂上的良好表现。音乐游戏对自闭症幼儿的选择注意力和持续注意力有显著的促进作用，并且有效提高了他们主动学习及口语沟通方面的能力。同时，培养自闭症幼儿基本的运动技能很重要，如平衡及协调。在培养其粗大动作技能时，进展可能缓慢，需要教师的耐心。

第五节　有视力障碍幼儿游戏的支持策略

一、有视力障碍幼儿的发展特点

视力障碍是指干扰视觉的任何症状，最常见的有：视线模糊，看向人时变成了模糊的影像；有光感，能看到极少的光或视觉不敏锐；全盲，眼前是漆黑一片的，如同伸手不见五指的黑夜；隧道眼或周边视线丧失，比如能在两米远处看清人，但看不清周边的物体；中央视线丧失，看向有人的方向时能清晰地指出周边的物体，却看不清人。有视力障碍的幼儿主要有以下发展特点：

（1）其身体的发展和普通幼儿的身体发展规律基本上是一致的。

（2）其听觉和触觉会更加灵敏，听觉注意和记忆力比较强。

（3）对于空间的知觉会存在一定的困难，在概念的形成方面也会存在比较大的困难，不容易抓住事物的本质特征。

（4）可能会频繁地问别人"怎么了？"可能会揉眼和不停地眨眼。

（5）其动作和技能发展缓慢。

二、有视力障碍幼儿游戏的困难和挑战

（一）环境中的障碍

（1）因有视力障碍幼儿对环境的不熟悉，会限制其活动范围和探索周围环境的动机。

（2）对参与游戏所处的环境不了解，无法获取足够的信息，可能会因害怕而不愿意参与或者显得比较笨拙，会加大其参与游戏的难度。

（3）游戏活动中产生的突然变化会增加其参与的困难。

（4）缺乏对环境互动的经验，会出现胆怯害羞、不愿意主动参与，常常依赖、缺乏自信等等心态。

（5）在转换活动场地时，因其无法适应光线的强度变化而需要更长时间去适应环境。

（二）过程中的障碍

（1）视力障碍会影响他们在游戏技能方面的学习和发展。

（2）成人的过度保护和对危险的恐惧会限制他们对游戏的尝试。

（3）他们在游戏活动中必须移动时会撞到障碍物或者别人。

（4）对于需要用到手眼协调的动作比较困难。

（5）他们无法看到或者难以清晰辨认出活动中展示的颜色、形状、物体或者图片。

三、有视力障碍幼儿游戏的支持策略

我们可以帮助有视力障碍幼儿（以下简称视障幼儿）发展他们的游戏技能。也要给有弱视幼儿提供发展动作的游戏活动机会，便于他们发展出与普通幼儿一样的能力。成人参与游戏并在游戏技能方面给予具体指导，对他们参与游戏十分重要，如教视障幼儿如何玩玩具，如何与同伴一起游戏，帮助视障幼儿在游戏中更加自主和独立。

（一）环境中的支持

1. 物质环境的支持

（1）提供安全和熟悉的环境方便他们探索。环境中要设置一些柔软的区域，可以让他们自由行动且不担心受伤。可以提供一些生活中的实物供他们探索使用。

（2）如果需要改变游戏环境的布局，要提前告知；在游戏前，先带其了解游戏环境，用语言为其做具体描述。

（3）将活动材料交给视障幼儿时，要先告知他们是什么材料。

（4）调整材料：将平面的教材教具改制成凸起的或者有声读物；利用声源帮助视障幼儿定位物品（如呼啦圈上装铃铛）；选择差别明显的亮色区分起止线；选择颜色鲜亮的球。

（5）要有正确适当的协助方式，可以让其主动牵着教师或同伴的手或者搭着手臂，不要抓或者拖他们。带他们走近座位时，只要将他的手引导到座椅背外，因为他们与物体接触时，只要通过触觉去感知，剩下的动作就能自行完成了。

（6）通过多样的感官体验来丰富视障幼儿的经验，学习定向行走、声音提示等。

2. 人文环境的支持

（1）教师要先向班里的幼儿介绍视障幼儿，帮助普通幼儿了解有视力障碍幼儿的特点，让他们知道成为盲人或者弱视意味着什么。通过一些体验类的感知活动，学习正确的交往方式，如少用肢体语言，而是说出来或者用肢体碰触。引导他们知道每个小朋友都有遇到困难的时候，并且知道如何相互帮助。

（2）通过"明星时刻"，请小朋友们说说视障同伴身上的优点，知道每个小朋友身上都有闪闪发光的优点，增进班级同伴对他的了解，同时增强该幼儿的自信心。

（3）让视障幼儿知道正在发生的事情，从而有安全感，活动的安排要相对固定。

（二）过程中的支持

（1）活动有变化时，可以在变化前停下来，告诉他们接下来的变化，再继续开展活动。

（2）对视障幼儿来说，使用口语和听觉刺激是非常重要的沟通方式，多使用语言提示。

（3）同伴支持。

① 与视障幼儿说话时，要面对面叫他的名字，明确告诉他方位等。

② 鼓励他们一起游戏，开始时只让一个普通幼儿参与进来，然后逐渐在小组中增加普通幼儿的数量。

③ 发现并鼓励有意愿、愿意彼此帮助的同伴与其建立自然的友谊。

④ 当视障幼儿和普通幼儿互动良好时，注意给他们正面的鼓励和反馈。

⑤ 同伴向视障幼儿描述游戏的细节情节；同伴讲解自己的动作。

第六节　有感觉统合障碍幼儿游戏支持策略

一、有感觉统合障碍幼儿的发展特点

我们日常是通过视觉、听觉、嗅觉、味觉、触觉、本体感觉和前庭觉这七种感知觉的方式吸收周围的各种信息，我们的中枢神经系统对这些信息进行过滤、选择和重组，最后发出信号使我们产生相应的回应。

中枢神经系统这一系列分析和处理信息的过程就是感觉统合，感觉输入正常并做出适当回应的幼儿感觉统合状态良好。如果以跷跷板来比喻感觉统合状态，良好状态是居于中间保持平衡的状态；另外两种就是居于跷跷板的两端，有刺激过度和刺激不足，而导致感觉统合方面出现障碍。值得注意的是，很多特殊需要幼儿均会存在感觉统合障碍，有感觉统合障碍的幼儿有以下发展特点：

《幼儿感觉统合——学龄前教师指南》一书中提到，从感觉输入来看，感觉统合障碍的幼儿在回应感觉输入的反应上有困难，有过高或者过低的反应。（注：这里的视觉和听觉的逃避、寻求、反应不足，首先要排除不是视力障碍和听力障碍的原因。）一般有三种：

1. 感觉寻求

有感觉统合障碍的幼儿会寻求过度的多种感觉刺激，与其他幼儿相比会寻求更多的刺激。比如触觉寻求过度的幼儿见到沙子会立即脱掉鞋和袜子踩上去，用手指头蘸颜料而不是用彩笔画画；其他感觉寻

求过度的幼儿，在户外的时候动个不停，看起来十分冒险，反复不停地跑或者跳；听觉寻求过度的幼儿声音总是要放到很大；嗅觉寻求过度的幼儿常常会凑到各种物品或者人的身边闻一闻。

2. 感觉逃避

与感觉寻求刚好相反，对感觉刺激表现出逃离、逃避的状态，甚至用过激的反应回应。比如触觉逃避的幼儿，会哭闹着、躲避着不愿意摸黏的东西；听觉逃避的幼儿，会在听到一些声音的时候手捂着耳朵或者尖叫；其他感觉逃避的幼儿，甚至可能会因为受不了一些刺激而攻击、咬或者打人；前庭觉逃避的幼儿会因为害怕移动不愿意做爬、高处向下、荡秋千等活动。

3. 感觉反应不足

这种情况表现为反应比较慢或者好像接收到的刺激程度被弱化了。比如，触觉反应不足的幼儿，可能在活动中不小心受伤了都没有任何反应，常常比较安静，更喜欢静态的活动，显得比较被动，关注不到一些声音。

另外，有的幼儿可能同时存在某种感觉的寻求和另一种感觉的逃避。

注：本感体觉是人对身体位置的感受，将身体部位、空间方位传递给大脑，来判断头、手、腿的位置在哪儿，然后决定行动。本体感觉异常会影响全身的运动功能，比如平衡感、身体动作；会影响到人们对空间知觉的形成。前庭觉：是人的动作与平衡感，在内耳处理动作的相关信息，由此来判断人的身体需要做出移动的反应还是停止的反应。前庭觉异常会影响对空间位置的感知判断和动作计划能力。

二、有感觉统合障碍幼儿游戏的困难与挑战

（一）感觉逃避者的困难

（1）前庭觉逃避，参与跟动作有关的活动时情绪都显得比较低落，不愿意做，恐高。

（2）本体感觉逃避，不喜欢跑跳，不喜欢参加用力气的活动。

（3）听觉逃避，播放音乐时捂着耳朵影响了与同伴互动的节奏等。

（4）视觉逃避，不愿意与人对视，难以加入活动；闭着眼睛参与游戏看不到需要做什么动作；阳光太刺眼不愿意外出活动等。

（5）触觉逃避，总是与其他幼儿保持一定的距离。

（二）感觉寻求者的困难

（1）前庭觉寻求，在活动中总是静不下来、动个不停，总是在跑，喜欢转圈等。

（2）本体感觉寻求，横冲直撞，喜欢与别人撞击或者咬东西，走路的时候总是显得力气很大，总是与同伴打闹。

（3）听觉寻求，在游戏的时候制造出很大的声音干扰到其他幼儿。

（4）视觉寻求，一直看转的风扇忘记了下一个环节的活动；直直地盯着某处的特别光线来回跑完全听不到老师的指令等。

（5）触觉寻求，可能会与同伴靠得太近让别人觉得被冒犯；可能总是在游戏的时候用手摸各种材料或者弄乱材料。

（三）感觉反应不足者的困难

（1）前庭觉反应不足，平衡性和协调性不足，不喜欢参与户外的动态活动。

（2）本体感觉反应不足，精细动作发展不足，协调性弱，常会因为不知轻重弄坏了玩具；参与新的肢体动作活动看起来学得很慢，也不愿意加入进来。

（3）听觉反应不足，比如当老师发出指令时可能没有反应。

（4）视觉反应不足，可能看不到活动中的材料；抛接球时总是因为反应慢接不住。

（5）触觉反应不足，可能不喜欢精细动作操作的事情；衣服湿了也没反应；穿衣服比较慢。

三、有感觉统合障碍幼儿游戏的支持策略

（一）环境中的支持

1.物质环境的支持

（1）为幼儿提供的游戏材料需要有清晰的、稳固坚实的触感。

（2）在游戏活动中提供有感觉统合障碍幼儿的选择机会，基本上两种选择的机会就足够。

（3）从幼儿的观点来查看环境是否合适，如跪立的姿势为教室拍照，评估照片的内容，墙壁上有什么？地板上有什么？天花板上有什么？看起来是否安全？是否吸引人？视觉输入是否过多？视觉刺激过多可能会使幼儿分心。

（4）提供一些有助于幼儿发挥感觉能力的材料，如身体袜子能促进本体觉和触觉输入，发展平衡、协调与动作技巧；地毯卷筒可爬入、穿越，提供前庭觉输入；倾斜板在绘画中增加阻力，直立平面的树脂玻璃涂鸦墙助于增加本体觉输入、促进良好的运笔姿势。

2. 人文环境的支持

（1）留心观察幼儿在活动中的表现和反应，预防其行为涣散或者到达感觉极限。如有些幼儿如果已经蜷缩起来并用双手捂住耳朵，再返回游戏活动就会很难。但是在崩溃前，可能会有一些征兆，如表情凝重来回踱步，这时可以帮助其戴上耳机避免噪音过度伤害，预防其面临过度的听觉刺激。必要时请求作业治疗师的协助。

（2）建立友好、接纳的融合环境氛围，帮助普通幼儿理解为什么有些同伴会突然出现某些异常行为和情绪，他们面临的困难是什么，如何支持和帮助处于这种困难的幼儿。

（3）教师平时以低沉、平稳的音量说话。在游戏活动中，幼儿会因嘈杂喧闹的环境而兴奋，教师可能会为了引起幼儿的注意而提高音量，但是这样无法引起有感觉统合障碍幼儿的注意，通过维持冷静并使用平稳的声音，能够使多数幼儿仔细聆听教师的说话内容。

（4）帮助有感觉统合障碍的幼儿辨别环境中会让他们刺激过度的问题。如幼儿在参与音乐活动时突然发怒并推其他幼儿，可能是这段音乐的类型或者音量对他已经刺激过度，通过发怒和推别人来逃避这个环境。这时可以帮助他学会辨别："不可以推人，音乐对你太吵了是吗？你要向老师提出这样的请求'可以请你调低音量吗？'"

（5）尊重他们的情绪。不要强迫有感觉逃避的幼儿接触或者参与具有负荷过大的感觉活动，可以温和地鼓励他们，并允许他们一开始可以先在旁边观看再参与体验。

（二）过程中的支持

1. 游戏活动要有秩序、有规律，简化活动、循序渐进、动静结合

任何的练习活动都不要操之过急，要逐步地让他们能够接受，给

他们观看动作、接受的时间，并给予鼓励和同伴的帮助。提前预知活动，让他们做好准备。

2. 提供更多的参与音乐肢体与体能运动游戏的机会

体能与音乐活动有益于感觉统合障碍的幼儿，体能游戏都是不错的本体感觉练习机会。

对于本体感觉反应不足或者逃避的幼儿，动作的协调性不足，走、跑、跳、爬、接球会比较困难，如果得不到发展后期会影响到其精细动作的发展，教师多组织设计加大阻力的游戏活动，如在沙子上画画；在有纹路的纸上用手指画画；在墙壁上贴纸画画；玩躺到地上"烤香肠"的游戏、抛接球的游戏、与跳有关的游戏等。

对感觉逃避有可能会出现攻击行为的幼儿，给予安抚物，不要强迫触觉逃避的幼儿摸东西，要有耐心，循序渐进。教师多组织爬、跳、推、拉、动物走路、抛接球、舒缓的音乐律动、抱紧的游戏活动。

3. 通过有效的活动帮助支持幼儿

通过有平静效果的活动来帮助因感觉刺激过度而产生困扰的幼儿，如负重活动：跳跃、翻滚、攀爬、推拉物品、学动物走路、抛接球（重一点）；听巴洛克或律动音乐；荡秋千；用力按摩背部或紧紧拥抱。为触觉寻求的幼儿准备可触摸、摩擦的物品；对于反应不足的幼儿，可以在跳床上做动作，吃脆脆的、冰冰的食物；可以让幼儿闻不同味道的液体。

4. 指令要简单明确，以便给予幼儿足够的反应时间

只有熟知了解每位幼儿障碍类型、程度，身体各部位发展的可能性、社会性语言能力等个人差异，才能在日常的游戏中，由心理层面引导幼儿体会喜悦与快乐，并有信心坚持不懈地练习，发展和获得成就感。

📖 拓展资料

一、帮助自闭症幼儿能听懂我们说话

很多自闭症的幼儿在语言理解上都存在障碍，因此，有效沟通显得十分重要，精简、强调、慢速、展示、重复都是常见的方法。

1.精简：用简短又明确的词句与自闭症幼儿沟通，是我们必备的能力。"精简"不是一味地简短，而是需要根据幼儿语言发育程度，给出适合他适度但明确的指令。比如，说"收篮球"而不是说"我们都要收篮球了哦，每个人都要收，不然下次我们就找不到球了"。另外，要尽量避免使用代词：在称呼人时，尽量多用具体的称呼，而不是"你""我""她""他"。比如，当小宝想拿玩具需要帮忙时，老师这样说："张老师帮小宝拿小汽车"，效果要比直接说"我帮你拿它"好得多。

2.强调：重点内容总是会格外强调，跟幼儿讲话也是一样的，关键词要强调，加重语气。

3.慢速：说话，最重要的是听的人的感受。很多时候，幼儿不听指挥仅仅是因为没有听清楚在我们在说什么。所以，我们在跟幼儿沟通或者发出指令时，首先要保持自己情绪稳定，不要急，放慢语速，留出时间给幼儿反应。

4.展示：上面提到，自闭症幼儿很难单纯靠语言理解，因此，当跟幼儿的语言沟通出现困难时，别忘了有很多辅助道具可以使用。

（1）实物。当幼儿不明白时，最有效的方式就是拿出实物，让幼儿直观地看到。

（2）图片也是很棒的展示物，很多自闭症孩子的视觉接受能力

都强于听觉接受能力。因此，在自闭症幼儿的干预过程中，很多医生、教师都会使用图片。举个例子，也许，你说了很多遍"坐下来"孩子都不会听，但展示一张小朋友坐下来的图片，可能立刻奏效了。

（3）肢体语言绝对是沟通的绝佳辅助方式，当两个人语言不通时，唯一可以沟通的就是肢体语言。跟幼儿交流时，别忘了加上一些小动作，这样孩子才会更容易理解。

（4）做示范是最直接的方式。比如给幼儿讲解"丢手绢"时，一边说一边示范要比讲解更易于让幼儿理解。

5.重复：想要掌握一项新技能，最重要的就是重复，重复，再重复。因此，当幼儿在学习新的词语或者句子时，一定要尽可能地创造机会让他们可以在短时间内不同情境中反复应用。比如，当孩子跟小朋友玩耍时，略微明白"排队"这个词的意思后，为了让孩子记住它，最好的办法是把它频繁地应用在其他情境中。

二、唐氏综合征幼儿

在智力障碍幼儿中有一类第21对染色体异常导致的唐氏综合征。

1.发展特点

（1）对音乐节奏比较敏感，节奏感强。

（2）视觉及表象的记忆力较强，因此对舞蹈动作的记忆力也较强，对音乐和肢体动作类的游戏兴趣度最高。

（3）大胆，乐观，善于表现。在活动中与同伴互动以及合作性活动的参与度也比较好。往往是班级中最勇于表现的孩子。

（4）有较强的人际交往能力。喜欢亲近人、温和善良、富有爱心，很贴心。

（5）整个发音器官的功能不好，有构音障碍，表达性语言比理解性语言慢很多，相对于同龄幼儿说话晚2~4年。

（6）肌肉松弛，跑跳能力不足，敏捷性不足。

（7）视力、心脏方面会出现问题。

（8）比较执拗，易受情绪影响。

2.参与游戏的一般性支持策略

（1）尽量用简短、清楚的语言说明游戏规则和要求。

（2）把他安排在听讲比较方便的位置。

（3）消除容易让人分心的事物，如过多的、不必要的声音。

（4）进行一对一的说明。

（5）使用视觉辅助并进行示范。

（6）按照相同的模式开展新的游戏，保持游戏活动的结构是一致的。

（7）成人或同伴支持协助示范。

三、ADHD注意力缺陷/多动障碍幼儿

在幼儿园还有一些容易被忽略的，或被认为是调皮的幼儿，他们就是ADHD注意力缺陷/多动障碍幼儿，俗称"多动症"，常表现为易冲动、注意力涣散、过于好动。

1.有以下发展特点

（1）注意力不集中，认真倾听困难。

（2）行为表现为易冲动。

（3）常常坐立不安、乱动。

（4）在理解说明方面存在困难。

（5）精力过剩。

2.参与游戏的一般性支持策略

（1）把他们安排在听讲更方便的位置。

（2）消除容易让人分心的事物，如过多、不必要的声音，明亮闪烁的光线等。

（3）依照惯有的模式开始新的游戏，活动与活动之间的衔接保持流畅。

（4）为他们分配额外的任务来保持他们对任务的关注，如让他们参与布置游戏场地、活动结束后参与整理游戏场地等。

（5）把说明内容分解成几个部分，分步骤地逐个讲解。

第三章
学前融合教育游戏示例

本章我们从微观的角度呈现游戏的设计与改编，基于特殊需要幼儿的基本发展特点和需求差异，本章提供了48个游戏范例，我们从最受幼儿欢迎的音乐与肢体游戏和体能运动游戏中选择了38例进行改编设计，同时依据部分特殊需要幼儿的社交互动需求，特别选择了10例关于基础互动的游戏。每一个游戏包含基本玩法、游戏的意义及促进融合小技巧等内容，幼儿在游戏活动中的发展是整合性的，但为了便于老师们聚焦游戏活动组织的重点，我们仅呈现了关键发展目标。在每个游戏中我们会从两个方面阐述幼儿的发展目标，一方面是选取《学前儿童教育发展评量手册》（该手册是一套课程本位的评估工具，内容涵盖健康（H）、语言（L）、社会（S）、科学（SC）、艺术（A）五个领域）中对应的发展目标，另一方面在"游戏的价值中"对游戏的整体意义进行阐述。

如何结合普通幼儿和特殊需要幼儿的发展需求及目标，独立设计和改编融合游戏也十分重要，幼儿园的常规教学策略基本上都适用于特殊需要幼儿，但是对于需求差异较大的特殊需要幼儿，还需要一些针对性支持方法，因此在"促进融合小技巧"中展示了一些针对性的支持方法。需要说明的是，有一些通用的方法，如有视力障碍的幼儿参与游戏我们多采用听觉提示，有听力障碍的幼儿参与游戏我们要多采用视觉提示，这些通用的方法适用于很多游戏中，因此，在每一个游戏的"促进融合小技巧"中我们不再赘述。

第一节　音乐与肢体游戏的融合技巧

一、音乐与肢体游戏对幼儿发展的意义

《3—6岁幼儿学习与发展指南》中指出，艺术教育在整个幼儿教育中占据着举足轻重的地位，幼儿喜闻乐见的艺术形式有很多种，如音乐、舞蹈、美术、手工制作、书法、影视作品等。教师应通过艺术活动，让幼儿感受不同艺术形式的基本特征，体验审美愉悦，深化幼儿对美的感受能力。本节仅选取音乐这一种艺术形式来阐述音乐与肢体游戏对幼儿发展的意义。

（一）幼儿音乐发展阶段

音乐能力是所有幼儿都有机会并能够发展的能力。每个幼儿的音乐发展都是先从听觉开始，听到音乐从而产生感觉，通过感觉引发动机想要亲自发现声音，亲自发出或创造声音，从而体会到声音与人、事、物、时间、空间的关系，进而兴趣会与日俱增地进入学习音乐技巧的阶段。幼儿音乐发展的阶段，是从平时的喊、叫、哼，发展成唱歌的能力；从走、跑、跳发展成肢体律动的能力；从敲、打、拍发展成弹、奏、敲乐器的能力。

虽然幼儿受先天遗传和后天环境的影响，但是在音乐的鉴赏、歌唱、肢体律动与乐器演奏方面仍可以有突出的表现。因身心发展障碍，有些特殊需要幼儿在发展中反应不佳，但并不一定影响其音乐能力的发展，只要有适当的引导，每位幼儿都能发挥属于其特长的音乐

能力，包括特殊需要幼儿。

（二）音乐与肢体动作对幼儿发展的意义

（1）将音乐与肢体动作相结合，能丰富幼儿的表达能力，活跃其思维反应，发展其多元智能。

（2）音乐与肢体动作能调节幼儿的情绪。如果教师想要让一位活动力过剩的幼儿安静下来，可以使活动更有趣，或是加入更多的变化，而在这些变化中，音乐就扮演着非常重要的角色。如在幼儿绘画时播放悠扬缓慢的古典乐曲，幼儿的绘画会呈现许多较长和平稳的线条；如果播放节奏较快的音乐，则幼儿的绘画线条会短而重；亨德尔的《水上音乐》对维持班级常规秩序很有益处。总之，特定的音乐对稳定情绪具有影响力。

（3）音乐与肢体动作能增进幼儿社会性的发展。幼儿的社会性发展是一个漫长的过程，从自我发展到他人互动的能力，每个人与他人互动的能力如何，源自于他童年的经验。音乐与肢体动作能够为幼儿提供成功和愉快的经验，进而提升幼儿在团体中与他人互动的意愿和频率，并且在活动中学习尊重他人，学习与他人轮流和合作，从而在同伴关系中发展出社会的感知能力和成就感。

发展适宜的动作能帮助幼儿发展体能，培养其对音乐的赏析能力，增进其社交技巧，促进其认知发展，并且强化其创造能力的发展。

（4）音乐具有使人理解时间和空间的特殊力量，幼儿能在音乐中体验到声音在不同空间中所产生的不同特性，且能透过音乐节奏理解时间的概念，感受声音的开始与结束。音乐扮演着一种非语言式的沟通，对于语言和聆听技巧也十分重要，音乐活动也能改进我们的注意力、记忆力和语句。

二、音乐与肢体动作游戏范例

游戏一：问好歌

适宜年龄段及形式：3—6岁，小组/集体。

可发展的目标：

（1）能跟随熟悉的音乐做身体动作。

（2）喜欢参加音乐游戏，乐意在游戏中与同伴分享快乐。

准备：《问好歌》的音乐。

玩法及规则：

（1）教师提前请幼儿学习5个动作，分别是伸手打招呼、拍手、双手握拳放在胸前转圈、双手食指指眼睛、右手张开放在耳朵边。

（2）请幼儿听音乐，根据歌词或教师的引领做相应的动作。

游戏的价值：此游戏实用性强，通过音乐问好的形式促进孩子间、师生间的互动，让特殊需要幼儿养成良好的问候习惯；跟随教师模仿相应的动作，提升手眼协调能力。

 促进融合的小技巧

- 请幼儿养成良好的问候习惯，平时可用歌唱的方式打招呼，如Hello，小朋友你好呀！
- 在每天早上入园点名时间或上课前可用此音乐与幼儿打招呼，请幼儿之间尝试运用此游戏互动，相互模仿。
- 幼儿可以自创动作向教师、同伴问好。

游戏二：双手点点碰

适宜年龄段及形式：3—6岁，小组／集体。

可发展的目标：

（1）能跟随熟悉的音乐做身体动作。

（2）喜欢参加音乐游戏，乐意在游戏中与同伴分享快乐。

准备：音乐《双手点点碰》。

玩法及规则：

（1）两人面对面盘腿坐，分A、B两个角色。

（2）A角色先打开双手平放在身体正前方，手心向上；B角色自然伸出食指随音乐在A角色手心做点点的动作，然后互换动作。

（3）双方握拳头碰两下，然后双手从上至下，做四次。

（4）双方手心对手心，做左右交错推的动作，做6次。最后做击掌动作结束。

游戏的价值：此游戏音乐比较活泼、节奏感强，手指点点又是孩子们比较喜欢的动作，符合孩子们的兴趣，趣味性强，同时可以提升特殊需要幼儿的节奏感、专注力以及倾听能力，提升幼儿之间配合的能力及反应能力。

 促进融合的小技巧

- 请同伴示范，鼓励、协助支持特殊需要幼儿参与活动。
- 幼儿自由结伴自然地组成一组参与活动。
- 可把几个关键的动作用图片展示，请幼儿看图片学习动作，分步学习动作。

游戏三：吹泡泡

适宜年龄段及形式：3—6岁，小组/集体。

可发展的目标：

通过节奏活动，培养幼儿的音乐节奏感。

准备：泡泡工具。

《伦敦大桥倒塌了》的背景音乐或旋律。

我们一起吹泡泡，高高吹、低低吹，我们一起吹泡泡，吹个大泡泡；

我们一起吹泡泡，左边吹、右边吹，我们一起吹泡泡，吹了小泡泡。

玩法及规则：

（1）双手握拳交叉在胸前转圈，表示吹泡泡，双手举过头顶拍手表示高泡泡，双手放在膝盖前拍手表示低泡泡，双手在胸前用食指画大圆表示大泡泡。

（2）双手握拳交叉在胸前转圈，表示吹泡泡，双手在左边拍手代表左边吹，双手在右边拍手代表右边吹，双手在胸前用食指画小圆表示小泡泡。

（3）拿出吹泡泡工具，两到三人一组，一人吹泡泡，另外两人自由追泡泡，适时交换着玩。

游戏的价值：吹泡泡是很多孩子都喜欢的活动，不但有趣好玩，还可以锻炼幼儿口腔肌肉的发展，尤其是唇部的控制能力，以及主动表达的意愿，有助于幼儿语言能力的发展。有些幼儿为了吹出大泡泡，还会憋气，无形中锻炼了幼儿的肺活量。吹出的泡泡一碰就破或是在眼前消失不见，发展幼儿的追视能力，也可以丰富幼儿的想象力。同时可以通过吹泡泡，请幼儿辨别方位、大小等含义。

 促进融合的小技巧

- 准备真实的泡泡水，先请幼儿观察引入，吸引孩子的注意力。
- 可根据幼儿人数和性格分不同组，请幼儿之间相互表演展示，增强幼儿之间的互动。（同伴支持）

游戏四：熊和石头人 / 木头人

适宜年龄段及形式：3岁以上，小组/集体。

可发展的目标：

能按照音乐的基本拍子自然地做上肢或下肢的简单基本动作和模仿动作。

准备：音乐《熊和石头人》；其他温柔或者轻快的音乐。

玩法及规则：

玩法一：熊和石头人

（1）听音乐《熊和石头人》"小鸟喳喳叫，小兔蹦蹦跳，今天树林里面真热闹，我们小朋友，也往树林走，采上几朵鲜花也把舞来跳。"小朋友可以模仿音乐中小动物，到"森林"里玩耍，成人扮演大熊。

（2）当听到"要是大熊走过来，大家都别乱跑"时，大熊出没，背对着小朋友走，突然转身时，小朋友们立马变成了石头一动不动，因为熊看不到"石头"，会"逃过一劫"。

玩法二：木头人

（1）播放轻快温柔的音乐，当听到音乐的时候，幼儿模仿老师或者带领幼儿的动作。

（2）当音乐停下来的时候要像木头人一样一动不动的。

游戏的价值：熊和石头人在木头人的基础上加入韵律和想象情境，幼儿的兴趣浓厚。并且，在游戏中进行的肢体活动，还可以帮助受限制的幼儿在空间警觉性、敏锐性方面做多重探索，帮助幼儿在有趣的游戏中做定位不动的训练。

促进融合的小技巧

- 对于肢体表达拘谨的幼儿，可以借助道具，如纱巾等，以减少对幼儿本身的关注。
- 先请动作缓慢的幼儿当大熊，这时他们可能会更自在。

游戏五：母鸡孵蛋

适宜年龄段及形式：3—6岁，大组／集体。

可发展的目标：

（1）愿意参加音乐游戏活动。

（2）能按照音乐的基本拍子自然地做上肢或下肢的简单基本动作和模仿动作。

准备：音乐、沙包若干或沙蛋若干。

玩法及规则：

玩法一：

（1）教师播放音乐，请幼儿聆听音乐，当唱到孵出一个蛋的时候，幼儿拍手一下；唱到孵出两个蛋的时候，拍手两下；依次类推，完成游戏。

（2）第二遍，增加肢体动作。可以用拍手、踏脚、拍肩等动作表示孵出蛋的个数，最后尾奏的音乐可以请幼儿做扑扑翅膀飞的动作。

玩法二：

（1）教师提前教幼儿熟悉歌曲。

（2）请每位孩子身上放5个沙蛋或是5个沙包并藏起来。

（3）教师放音乐，请幼儿扮演母鸡，根据歌词做相应的动作，当唱到孵出一个蛋的时候，请幼儿从身体上放出一个沙包或沙蛋，表示孵出的蛋，以此类推，当蛋全部孵出后，幼儿做小鸡孵出的动作，游戏结束。

玩法三：

根据幼儿的年龄及能力增加难度。教师根据幼儿人数进行分组，每组6人。请幼儿自行讨论，一名幼儿扮演母鸡妈妈，剩余5名扮演蛋以及最后孵化成的小鸡,在此过程中做出相应的动作。当唱到孵出一个蛋的时候,一位幼儿自行表演,以此类推,5名幼儿表演结束后,做出小鸡孵出的动作。

游戏的价值:这是一个特别经典且深受孩子喜欢的音乐游戏,歌词有趣,旋律重复。在游戏中进行肢体动作教育能帮助幼儿调试社会和情绪发展,为幼儿提供了成功和愉快的经验,强化了幼儿在团体中与他人互动的意愿和频率。在幼儿的想象和扮演的同时,发展幼儿的同理心,发挥其独特的表达能力与创造力,引发与他人互动的兴趣和能力。在唱唱数数中感知数量关系。

 促进融合的小技巧

- 还可以请小朋友坐在地上,用举手、抬脚做动作,练习幼儿的腹部支撑力量,平时不愿意做肢体动作的一些小朋友,因为这个有趣的游戏也玩得很开心。
- 对于听力障碍的幼儿,成人可以用动画或者画图谱的方式帮助其理解。

游戏六：蝴蝶飞呀飞

适宜年龄段及形式：3—6岁，小组/集体。

可发展的目标：

能按照音乐的基本拍子自然地做上肢或下肢的简单基本动作和模仿动作（如拍手、踏脚、小鸟飞、小兔跳等）。

准备：音乐《梁祝》，卫生纸折成蝴蝶形状或纱巾，学习蝴蝶开合飞的动作。

玩法及规则：

（1）教师或1名幼儿作为"蝴蝶"，其余幼儿坐在小椅子上扮演"小花"。

（2）梁祝音乐响起的时候，教师或幼儿代表扮演"蝴蝶"以开合飞的动作在"小花"面前飞舞。

（3）"蝴蝶"飞到"小花"面前，用手掌轻轻抚摸"小花"。

（4）被抚摸到的"小花"跟随"蝴蝶"轻轻飞舞。

（5）音乐停止的时候，所有幼儿回到座位上。

游戏的价值：幼儿学用简单的身体动作表现歌曲的内容和情感；乐意参与韵律活动，体验和同伴共同游戏的快乐。在欣赏享誉世界的民族音乐《梁祝》的同时，锻炼幼儿的音乐欣赏能力和音乐表达创作能力，促进幼儿情绪情感的全面发展。

 促进融合的小技巧

- 首先要学习"蝴蝶"的动作。
- 需要用一个提示音来提醒视力模糊的幼儿，提前熟悉动作路线。

游戏七：伊比丫丫

适宜年龄段及形式：4—6岁，小组/集体。

可发展的目标：

（1）愿意参加音乐游戏活动。

（2）喜欢参与各种韵律活动，表演时有自信心。

（3）能比较准确地按照音乐的节奏做模仿动作和舞蹈动作组合。

准备：音乐《伊比丫丫》。

玩法及规则：

（1）教师请幼儿面朝里围成一个圆圈，向右转双手搭在前一位幼儿的肩膀上，以此类推，在圈上的幼儿全部搭肩。根据《伊比丫丫》的歌词，做出相应的动作，压压、拉拉、扭扭、推等。

（2）一遍结束后换方向进行。

（3）也可请幼儿创作新的动作并尝试。如：拍拍、跳跳、蹲等动作。

游戏的价值：该游戏能给幼儿很舒服的体验，有触觉需求的幼儿会特别享受游戏过程，同时，通过两人轮流服务互动，幼儿能体验与同伴合作彼此满足的感受。

 促进融合的小技巧

- 借助图谱，让幼儿提前了解这几种动作。
- 视情况在特殊需要幼儿前面或者后面安排成人协助示范或者提示，逐步撤退。
- 可调整队形，如：分组搭成多个小圆圈进行；排成二、三排的竖队形等均可。可把音乐分成几段，每段歌词由不同小组一次表演。

游戏八：大巨人和小矮人

适宜年龄段及形式：3 岁半以上，小组及大组均可。

可发展的目标：

（1）愿意参加音乐游戏活动。

（2）在老师的引导下，能按照游戏规则参与音乐游戏。

准备：音乐《大巨人和小矮人》。

玩法及规则：

1. 教师带领幼儿学习音乐《大巨人和小矮人》，了解其中的故事。

2. 教师选择适宜的场地，请幼儿集中站立，教师先讲述游戏规则，然后请幼儿四散站立。教师播放音乐或清唱歌曲，请幼儿根据歌词做相应的动作，如蹲下变成小矮人。教师需提醒幼儿根据歌词，用慢动作表示变的过程。

游戏的价值：幼儿很喜欢脱离于现实的夸张形象并乐于模仿想象，在游戏中融入下肢力量的训练动作，能为下肢力量弱的幼儿提供更多的练习机会，借助有韵律的音乐活动，幼儿既能很好地参与并感受音乐游戏的乐趣，又能得到锻炼。

 促进融合的小技巧

- 必要时可以语音提示，并耐心等一等，节奏不要太快。
- 幼儿下肢力量弱，不能进行上下肢体动作的转换时，教师或同伴用动作辅助。

- 在冬季天黑得早时,教师可在幼儿身后使用手电筒照亮墙面和幼儿,幼儿根据音乐做动作时,影子就会呈现在墙上,大巨人和小矮人的变化就会更形象,幼儿会更加乐意参与。

游戏九：拉个圆圈走走

适宜年龄段及形式：3—4岁，小组/集体。

可发展的目标：

（1）拉手围圈走；听指令做动作；在愉快的氛围里参与游戏。

（2）能跟随熟悉的音乐做身体动作。

（3）愿意参加音乐游戏活动。

准备：童谣（拉个圆圈走走～拉个圆圈走走～走走走看谁最先站好/蹲下/拍手/跳起来/转个圈/抬起脚/点点头/笑一笑……）。

玩法及规则：

（1）3—8人为一组，手拉手围成圆圈。

（2）念童谣（拉个圆圈走走～拉个圆圈走走～走走走看谁最先站好/蹲下/拍手/跳起来/转个圈/抬起脚/点点头/笑一笑……），当老师念到"看谁最先……"随机说出一个动作，幼儿听指令做动作。

（3）重复童谣，继续游戏。

（4）当幼儿熟练后可在自由活动时自行邀请同伴，进行游戏。

游戏的价值：通过有趣的音乐互动，增进特殊需要幼儿参与游戏的积极性，在模仿中学习、发展动作，培养幼儿的注意力及反应能力。

 促进融合的小技巧

- 可以请喜欢的同伴带着唐宝或发育迟缓幼儿一起参与。
- 教师也可以进入一个小组，支持一名挑战性较大的特殊需要儿童。
- 为听力障碍幼儿提供必要的视觉提示（如蹲下、拍手等动作）。

游戏十：走路

适宜年龄段及形式：3—5 岁，小组 / 集体。

可发展的目标：

（1）愿意参加音乐游戏活动。

（2）在教师的引导下，能按照游戏规则参与音乐游戏。

（3）能跟随熟悉的音乐做身体动作。

（4）能用动作、表情创造性地表现音乐游戏中不同的音乐形象。

准备：音乐《走路》，前期学唱该儿歌，并熟悉歌词中动物走路的特征。

玩法及规则：

（1）前期教师组织歌唱活动《走路》，幼儿会唱这首歌，并熟悉歌词中动物走路的特征。

（2）教师带领幼儿到适宜的活动场地，请幼儿分组站立，播放音乐，幼儿根据歌词自由表演。

（3）教师也可划分区域或出示地标，请幼儿按照区域或地标分组并参与游戏。幼儿玩几遍之后，可以请幼儿创编歌词并模仿走路。

（4）教师准备各种障碍，设置情景。请幼儿分组以接力赛的形式参与活动，并通过学习动物走路的姿势，绕过障碍物。

游戏的价值：幼儿很喜欢脱离于现实的夸张形象并乐于模仿想象，借助有韵律的音乐活动，幼儿既能够参与感受其中的乐趣，又能得到锻炼，舒展身体锻炼肢体力量，融入群体中。

促进融合的小技巧

- 前期教师先示范或者动作协助每一个小动物的动作如何做。
- 根据幼儿的现状能力分组,有针对性地支持。

游戏十一：风儿你带什么来

适宜年龄段及形式：4—5岁，小组/集体。

可发展的目标：

愿意参加音乐游戏活动。

准备：音乐《风儿你带什么来》；树叶；室外场地。

玩法及规则：

玩法：

（1）幼儿到户外有落叶的地方做准备。

（2）听音乐熟悉其中的规律，当听到"叮"一声的时候，从地上捡起一片树叶，听到"一片树叶落下来"时，向空中抛下一片树叶。当听到"叮"两声时，从地上捡起两片树叶，听到"两片树叶落下来"时，向空中抛下两片树叶。以此类推。

（3）第二遍的时候，两名幼儿一组，听音乐共同找相应数量的树叶，一起抛洒树叶。

规则：

（1）听到几声"叮"，捡起相应数量的树叶。

（2）两人一组时相互配合，两人捡的树叶合起来是相应数量的树叶，需要与同伴一起捡树叶。

游戏的价值：幼儿天生对大自然比较亲近，充满好奇和兴趣，该年龄段幼儿对于数与量也十分敏感，喜欢做与此相关的活动。在有趣的音乐活动中，幼儿能获取积极的情绪，同时在捡树叶、扔树叶的过程中很容易产生与同伴之间的互动。

促进融合的小技巧

- 对于与同伴共同数相应数量有困难的特殊需要幼儿，可以安排其与一名熟练掌握数量关系的幼儿为一组，让这名幼儿提醒有特殊需要幼儿捡树叶的数量，比如需要共同捡三片树叶时，提醒他捡一片树叶，同时也锻炼了普通同伴学习数的分解与组成。
- 对于理解5以内数与量有困难的幼儿，可以借助点子图卡提示。
- 可以制作点子卡片，以视觉提示的方式提醒幼儿。

游戏十二：找小猫

适宜年龄段及形式：3—5 岁，小组 / 集体。

可发展的目标：

（1）小猫走路动作及创编叫声，躲藏能力，理解规则能力。

（2）在老师的引导下，能按照游戏规则参与音乐游戏。

准备：音乐《找小猫》；室内。

玩法及规则：

（1）介绍音乐游戏《找小猫》的规则，让幼儿聆听音乐玩游戏。

（2）第一段音乐响起时，幼儿自由行走。当唱到"找个地方躲躲好，妈妈快来找"时，停下动作找个地方藏起来。

（3）第二段音乐，猫妈妈边做动作边找小猫，被找到的小猫坐到椅子上休息。

（4）音乐结束后，猫妈妈问"没找到的小猫在哪里"时，小猫一边喵呜喵呜地叫，一边回到猫妈妈身边。（重复游戏一次，请幼儿做猫妈妈）

游戏的价值：幼儿对躲藏类和角色扮演的游戏乐此不疲，并且在游戏中不知不觉学习了控制自己的身体和声音，以免被发现，对控制能力弱的特殊需要幼儿十分有益；在角色扮演中清楚不同的角色要做的事情是什么，简单的规则和要求也便于提升特殊需要幼儿的理解能力。

> **促进融合的小技巧**
>
> - 躲藏的时候要注意安全,为特殊需要幼儿安排特定的同伴支持。
> - 幼儿提前了解如何让自己躲起来不被发现,如不能发出声音等。

游戏十三：泡泡糖

适宜年龄段及形式： 3.5—6岁，小组/集体。

可发展的目标：

（1）愿意参加音乐游戏活动。

（2）能初步创编音乐游戏的新玩法或不同动作。

（3）能根据游戏的内容，自主选择和使用游戏的辅助材料。

准备： 音乐《泡泡糖》，红、绿贴纸，红、绿圆片即时贴；提前学唱《泡泡糖》，了解泡泡糖黏性比较大的特点。

玩法及规则：

讲解：播放音乐，请幼儿跟随音乐在场地中四散走，边走边拍手并念唱儿歌，"泡泡糖、真荒唐"，当唱到"一不小心黏到小屁股"时，幼儿用自己的屁股去粘其他幼儿的屁股；唱到"一不小心黏到小肚子"时，幼儿肚子贴肚子，最后请幼儿根据音乐选择适宜的材料扮演成小丑，做出可爱的动作。

游戏的价值： 所有的幼儿都十分喜欢诙谐幽默的游戏，幼儿在夸张的音调中模仿，与同伴互动，发展身体的协调性、韵律感和肢体动作的表现力。

 促进融合的小技巧

- 可以先学习基本动作。
- 对于不能完成这三项目标的幼儿，根据难易程度选择合适的目标，如：可以选择第一个目标作为参与困难的特殊需要幼儿的目标。

游戏十四：一起去开车

适宜年龄段及形式：3.5—5岁，小组／集体。

可发展的目标：

（1）愿意参加音乐游戏活动。

（2）喜欢参加音乐游戏，乐意在游戏中与同伴分享快乐。

（3）能初步创编音乐游戏的新玩法或不同动作。

（4）能主动相互配合，协调一致。

准备：音乐《Yesh Li Yadayim》，椅子若干（和孩子数量一致）。

玩法及规则：

（1）先排好队形，全班幼儿按一个方向排成圆形坐好。

（2）随音乐的节奏做开车的动作，如：手握方向盘转4次、拍手3次；快速踏脚最后说"哈"；一次重复几组，最后双手举起，活动结束。

游戏的价值：汽车是幼儿在日常生活中最常见的交通工具，贴近幼儿的生活，吸引幼儿的兴趣。请幼儿结合日常生活经验参与到活动中，感受音乐的轻快、节奏的变化，用动作来表现汽车的特点，并体验游戏带来的快乐和成就感。有助于提升特殊需要幼儿的专注力，增进幼儿之间的互动，提升幼儿的合作能力。

 促进融合的小技巧

- 请幼儿之间相互学习模仿开汽车的动作，并相互提醒根据不同音乐做不同动作，相互鼓励。
- 请幼儿自主创编活动，增进活动乐趣和幼儿的参与度。如：改变活动队形创编新的动作，提升幼儿的参与度和信心。
- 可以为数概念不清楚的幼儿提供图谱提示。

游戏十五：随我摇摆

适宜年龄段及形式：3 岁半以上，小组 / 集体。

可发展的目标：

（1）愿意参加音乐游戏活动。

（2）喜欢参加音乐游戏，乐意在游戏中与同伴分享快乐。

（3）能初步创编音乐游戏的新玩法或不同动作。

（4）能主动相互配合，协调一致。

准备：音乐《随我摇摆》。

玩法及规则：

幼儿围成一个圆圈排排坐，面朝圆心，随音乐的歌词和节奏做相应的动作。如：

（1）双手放在嘴边做类似呼喊的动作——歌词是"让我们"。

（2）双手做绕花的动作，左右交替做——Shake Shake Shake。

（3）随意摆造型——stop。

（4）慢慢向上拍手——向上 up up up。

（5）慢慢向下拍手——向下 down。

（6）手心对手心依次做打开的动作，再依次做合闭的动作——向外 out，向里向里 in。

游戏的价值：音乐游戏是在歌曲或乐曲伴奏下进行的活动，通过音乐游戏可以获得一定的情感体验，使动作、言语、音乐感知、专注力等方面得到有效的锻炼。通过游戏使幼儿感受音乐的停止，锻炼幼儿的专注力、倾听能力和身体协调性。

促进融合的小技巧

- 大部分特殊需要幼儿都善于模仿，并对音乐有一定的兴趣，所以可请同伴教特殊需要幼儿学习动作，与他们互动，激发他们参与活动的乐趣。
- 改变游戏队形，增进同伴之间的互动。如：把队形改成两人一组面对面进行，也可变化为3—5人一组的互动小组游戏。
- 聚焦有难度及重点动作的学习，可以尝试用示范、图片的形式支持特殊需要幼儿循序渐进学习。
- 可以放慢音乐，进行学习，幼儿熟练后按节奏进行游戏。

游戏十六：开始和停止

适宜年龄段及形式： 3—6岁以上，小组/集体。

可发展的目标：

（1）喜欢参加音乐游戏，乐意在游戏中与同伴分享快乐。

（2）能初步创编音乐游戏的新玩法或不同动作。

（3）能用动作、表情创造性地表现音乐游戏中不同的音乐形象。

（4）能主动相互配合，协调一致。

准备： 音乐《开始和停止》。

玩法及规则：

跟随音乐分别做以下动作，如：左右摇头、拍手、变小花猫、学企鹅走等动作，当听到音乐停时，站好不能动。

游戏的价值： 此游戏很受幼儿的喜爱，通过游戏可以让幼儿感知音乐有反复"开始"和"停止"的特点，并能根据音乐的变化尝试用多种形式去表现开始和停止，通过感受及表现音乐，体验音乐带来的快乐，帮助幼儿学习遵从指令。

 促进融合的小技巧

- 待幼儿熟悉游戏的玩法后，可以请幼儿承担带领的任务，增进幼儿之间的互动。
- 在遇到音乐停止的时候，老师和同伴关注特殊需要幼儿的情况，通过示范、图谱、手、眼神提示等示意特殊同伴不能动。

游戏十七：豆豆丁

适宜年龄段及形式：3 岁半以上，小组 / 集体。

可发展的目标：

（1）愿意参加音乐游戏活动。

（2）在老师的引导下，能按照游戏规则参与音乐游戏。

（3）能与他人玩追逐、躲闪跑的游戏。

准备：音乐《豆豆丁》，纱巾 1 条，适宜的场地。

玩法及规则：

玩法：

（1）请全体幼儿聆听一段音乐，教师提出问题；再请幼儿听第二段音乐，说一说感受；听第三遍，教师讲解游戏玩法。

（2）听音乐，教师带领幼儿学习跟随音乐踏步走，听到"咚"的声音，准备跑，听到节奏快的音乐开始跑。

（3）播放音乐，教师示范第一段，接着让幼儿进行尝试，没有追到的幼儿接着拿纱巾进行游戏。

（4）开始游戏。

规则：

（1）必须跟随音乐的节奏踏步走。

（2）听到"咚"的声音才能准备跑，听到快节奏时开始跑。

游戏的价值：《豆豆丁》是一首欢快且节奏型很强的音乐，幼儿非常喜欢这个音乐活动中的追逐环节，参与度高；同时能在有趣的氛围中提升幼儿对音乐节奏的把握，增进与同伴互动的机会，有助于特殊需要幼儿理解并遵从简单的规则，培养其倾听能力、注意力及反应能力。

促进融合的小技巧

- 准备适宜的场地,便于追逐跑时有足够的空间。
- 在追逐的过程中,注意幼儿的安全,及时提醒。
- 引导幼儿跟随节奏进行游戏,可以用图谱的方式让幼儿先感受音乐节奏的走与停,再进行游戏。
- 请熟悉玩法的幼儿协助有肢体障碍、视力障碍的同伴一起玩。

游戏十八：请你跟我这样做

适宜年龄段及形式：3—4 岁，小组/集体。

可发展的目标：

（1）能跟随熟悉的音乐做身体动作。

（2）愿意参加音乐游戏活动。

（3）喜欢参加音乐游戏，乐意在游戏中与同伴分享快乐。

准备：无。

玩法及规则：

（1）教师说"请你跟我这样做"之后，做示范动作，小朋友跟着做出相同的动作。

动作：请你跟我① 拍拍手，② 前面拍拍，③ 后面拍拍，④ 中间拍拍，⑤ 可重复或其他动作。

（2）教师说"请你跟我这样做"之后，做示范动作，小朋友两两一组互相做出动作。拍手：两两一组互相拍手；拍肩：两两一组互相拍肩。以此类推。

游戏的价值：该游戏深受幼儿的喜爱，可以培养特殊需要幼儿的观察和模仿能力，同时促进其与同伴之间的互动能力。

 促进融合的小技巧

- 对于程度好的幼儿可以自己做，不太清楚如何做的幼儿可以先有老师动作示范和协助。
- 刚开始时先有固定的玩伴，积累与同伴互动的经验。
- 分组游戏时，从两人一组开始逐步增加到三人一组。

📖 拓展资料

一、肢体动作困难与幼儿学习发展的关系

Corso（1993）曾开展过许多有关身体/空间的觉知转移到纸张/空间觉知的计划。如果你请3—8岁的小朋友用手碰他们的肩膀，有些幼儿可能只碰到一个肩膀。同样，如果你请部分幼儿跳起来试着碰天花板，有些幼儿也可能只用一只手去碰。当要求这些孩子在纸上画画或写字时，Corso发现那些在纸上有四分之一没有画画也没有写字的，同样地也没有运用到身体部分的四分之一。她结合其他研究得出结论：

那些无法越过中线的幼儿通常会把注意力集中在纸张的垂直线，有时候只在垂直线中点以下画画或写字，有时候在越过纸张中心点时会将笔换到另一双手。

那些有困难找到个人空间或是排队时总是紧紧贴着前面或是后面的人的幼儿，通常他们在写字时也是如此。

那些无法越过中线的孩子通常阅读到一页的一半时也会停下来。

忽略大动作的活动可能会对以运动感觉为主的幼儿产生极大的负面影响。

二、幼儿期音乐发展规律：(《幼儿音乐学习原理》Edwin EGordon)

表3-1 预备音乐听想的类型和阶段

预备音乐听想的类型与阶段	
类型	阶段
（一）接收同化型 出生至2—4岁：对外在环境有一些自我意识。	1. 吸收：以听觉来收集环境中的各种音乐的声音。 2. 随意反应：随意地动与喃喃发声，但与外在音乐环境无关。 3. 有目的反应：试着应和着音乐环境而有所动作或是喃喃发声。
（二）模仿型 2—4岁至3—5岁：有意识地参与且专注于环境。	1. 意识自我：意识到自己的律动与发音和外在的音乐不合。 2. 离开自我：正确模仿外在的音乐，尤其是音高型与节奏型。
（三）融合推演型 3—5岁至4—6岁：有意识的参与且专注于自我。	1. 内省：发现自己的唱、念、呼吸以及律动缺乏协调。 2. 协调：将自己的唱、念与呼吸、律动相互协调。

三、其他

道具能成功地降低幼儿的害羞和不自在的程度（因为注意力已全然转移到道具本身，而非幼儿本身）。活动中可以提供轻而软的纱巾、彩带、呼啦圈、海洋球、节奏棒等。

肢体动作能帮助幼儿调适社会和情绪的发展，主要是因为它为幼儿提供了成功和愉快的经验，并且强化了幼儿在团体中与他人互动的意愿和频率，进而在同伴关系和活动中发展出社会知觉并获得成就感。

不要过于强调活动的竞争性，但是，当我们给予幼儿很多的机会去解决一个问题或是达到一个共同目标的强调合作的游戏时，每一位幼儿都可以了解他们自己在整个活动中扮演了重要的角色，他们都乐于接受这样的责任，同时也学习到接纳别人的意见。

对于情绪障碍的幼儿，在进行肢体活动时，给予幼儿的挑战不要太难，并给予适当的尊重。正面回应和鼓励很重要。通过戏剧性的活动与歌曲提升幼儿自我表达能力。放松性的活动可以帮助他们学习自我控制。

第二节 体能运动游戏的融合技巧

一、体能运动游戏定义及对幼儿发展的意义

《3—6岁儿童学习与发展指南》指出，幼儿阶段是身体发育和技能发展极为迅速的时期，也是形成安全感和乐观态度的重要阶段。发育良好的身体、愉快的情绪、强健的体质、协调的动作、良好的生活习惯和基本生活能力是幼儿身心健康的重要标志，也是其他领域学习与发展的基础，体能游戏是促进幼儿动作发展的最佳途径。

婴幼儿期是动作发展的敏感期和最佳时期，身体活动有助于发展他们的平衡能力、肌肉力量、协调和肢体的知觉意识。幼儿动作的发展是其他领域发展的前提，分为粗大运动和精细运动两个方面。幼儿粗大运动发展比较快，能带动精细运动的发展，粗大运动和精细运动的发展遵循着循序渐进的原则，幼儿动作发展有一定的进程和顺序，前一个动作发展是为下一个动作的发展做准备。

每个幼儿的成长速度是不同的,我们需要理解每个幼儿发展中的差异,特殊需要幼儿与普通幼儿在探索新经验的兴趣方面没有任何差异,发展顺序没有差异,不同的是他们每个阶段的发展时间和速度有所不同。教师应了解幼儿动作发展阶段,细心观察,捕捉幼儿动作发展需求,抓住教育契机,依据幼儿动作能力发展特点和现状,设计丰富、适宜的体能游戏以促进幼儿动作发展。

二、体能运动游戏范例

游戏一:百变绳

(一)基础玩法

适宜年龄段及形式:3—5岁,小组/大组。

可发展的目标:

(1)能在直线和曲线上走(不少于2米)。

(2)双脚轮流跨过15厘米高的绳。

(3)能钻过65-70厘米高的障碍物(绳子、皮筋等)。

(4)双脚在直线两侧行进跳(不少于3米)。

(5)连续3次跳过慢慢左右摇摆的绳。

(6)能双脚一起跳过35厘米高的绳。

(7)能侧身或缩身钻过高50厘米的障碍物。

(8)全身协调地从高30厘米左右的绳下爬过。

准备:长绳短绳、皮筋若干。

玩法及规则:

玩法一:将绳子拉成不同的形状和不同轨迹的线条,如S形,幼儿踩绳前进。

玩法二：穿越火线。用绳子做障碍物，幼儿双脚轮流跨或者用身体钻过、爬过绳子。

玩法三：小马过河。第一种是两条绳拉成相距有一定距离的平行线做小路，幼儿在小路中间走；第二种将绳子摆成不同宽度和高度的平行线，让幼儿进行跨或跳过绳子；

玩法四：左右行进跳。以绳为界，引导幼儿尝试一左一右行进跳。

玩法五：跳绳。引导幼儿跳过不同高度的绳。

游戏的价值：绳子是生活中和幼儿园内常见的物品，具有极强的塑造性，用绳子摆出不同长度、宽度、高度等形态，能发展不同的目标，也能满足幼儿发展速度和现状的不同，支持到每个幼儿不同的需求。幼儿通过探索绳子的不同玩法，发展肢体的平衡、协调以及控制的能力，同时也发展了幼儿的创造性和发散思维能力。

> 促进融合的小技巧
>
> - 肢体运动发展不灵活的幼儿可以先做一些简单的下肢运动（如沿线走、双脚轮廓跳绳等）。
> - 由成人或同伴先示范，然后带领特殊需要幼儿参与。

（二）进阶玩法

适宜年龄段及形式：5—6 岁，小组。

可发展的目标：

（1）连续 3 次跳过慢慢左右摇摆的绳。

（2）能跳过自己摇动的绳三次。

（3）会跳大绳。

准备：长绳短绳若干。

玩法及规则：

玩法一：踩绳跳。每人一根一米长的绳子，两手捏住绳子的两端，双脚踩在绳子的中间部位，两手拉紧绳子，双脚用力前跳。

玩法二：跳大绳。两人分别手持绳子两端，往左右两边慢慢摇摆，幼儿依次跳过慢慢左右摇摆的绳。

玩法三：跳绳。

（1）幼儿一只手握住小绳的两头，按节奏向身体前方摇动小绳，双脚先原地不动，可以左右手交替拿绳，熟悉节奏后要求绳落地时双脚跳动。

（2）幼儿熟悉了动作 1，可以尝试两手握绳柄，绳垂在身后，由后向前摇绳，摇绳落地后双脚跳过绳，跳绳的次数不低于 3 下。

（3）幼儿熟悉了动作 2 后，可以随着绳的摇动迅速跳起，绳从脚下滑过。

游戏的价值：在基础玩法所发展幼儿能力的基础上，赋予新的目标和挑战，进一步发展其肢体的平衡、协调以及控制能力。

第三章　学前融合游戏示例

 促进融合的小技巧

- 肢体运动发展不灵活的特殊需要幼儿可以先熟悉玩法一和玩法二，待熟练后升级至玩法三。
- 允许有惧难心理的特殊需要幼儿拿着喜欢的小玩具跳大绳，多鼓励。
- 邀请熟悉的同伴支持。

游戏二：球类活动

（一）小皮球找朋友

适宜年龄段及形式：3—4岁，小组。

可发展的目标：

会滚接球。

准备：

（1）皮球1个。

（2）理解儿歌含义"小皮球，找朋友，找到朋友快回来"。

玩法及规则：

玩法：

（1）教师与幼儿手拉手围成一个圆圈坐下。

（2）一起念儿歌"小皮球，找朋友，找到朋友快回来"。教师将皮球滚到一个幼儿手中，幼儿再将皮球滚回来。

（3）游戏反复进行，随着幼儿熟练程度的提高，圆圈逐渐变大。

规则：幼儿要尝试滚皮球，不能扔皮球或抱皮球。

游戏的价值：在游戏互动中幼儿学习轮流等待，遵守游戏规则。

 促进融合的小技巧

- 注意力广度不长的幼儿可能会中途离开，小组人数控制在2—8人，可以减少游戏活动的等待时间。
- 一名幼儿在注意力不集中的幼儿旁边提醒其眼睛看着球，球滚过来的时候提醒他。
- 一些幼儿还不会"滚"的动作，刚开始可以用推接小汽车来练习"滚"的动作。

> - 用彩铅球（黄色或红色）或者木质球体代替，有一定的重量以及醒目的颜色能吸引孩子的注意，视力障碍幼儿也可以借助球滚过来的声音或者醒目的色彩看到球。

（二）抛接球

适宜年龄段及形式：4—5岁，小组。

可发展的目标：

（1）两人互相抛接球。

（2）能轮流和等待。

（3）能参与由成人带领的有组织性的集体活动。

准备：幼儿篮球或皮球，铃鼓。

玩法及规则：

玩法：

（1）吹泡泡热身活动，围成圈站立。

（2）当老师的铃鼓声响起时，第一个小朋友把小球用抛的方式传给旁边的小朋友，一个接一个传下去。

（3）当铃鼓声音停止时，小球就停止传送，这时，拿着小球的小朋友就站起来说出自己的名字："我叫×××，我的好朋友是×××。"

规则：

（1）幼儿 A 抛球给幼儿 B 时，喊其名字，幼儿 B 去接球。

（2）示范正确的抛接球动作要领，幼儿学会正确地接球和抛球。

（3）当音乐响起时迅速把球传递给下一位小朋友。

（4）传球时注意安全，球要轻轻地传给小朋友。

游戏的价值：该游戏通过有趣的抛接球游戏活动，锻炼手眼协调、双手动作的协调及灵敏性。同时，在游戏中促进幼儿间的相互关注和配合，增进幼儿间的游戏和互动。

 促进融合的小技巧

- 在游戏开始前，在特殊需要幼儿旁边安排其熟悉的同伴。
- 教师或同伴语言提醒特殊需要幼儿留心，及时接球。
- 如果幼儿参与集体活动比较困难，可以分成三人一组，一名特幼和两名熟悉的普通幼儿为一组，融合目标可调整为：能与熟悉的同伴（1—2位）一起游戏，再逐步增加小组人数为4—6人。

（三）双人抛接球

适宜年龄段及形式：4—5 岁，小组。

可发展的目标：

（1）两人互相抛接球。

（2）能轮流和等待。

准备：小皮球/沙包（一开始应选择不会滚动的物品，如沙包、豆袋，每组安排10到20个），自制渔网（如果开始的时候孩子还不会接球，可以用抓鱼的网或者自制网捕捉，确保他们能成功地接到球）。

玩法及规则：

（1）两人一组轮流抛接球。

（2）抛之前说："小宝接球"，开始一个一个将球/沙包抛到他的渔网里。直到所有的球都抛完了。

（3）两人交换角色，之前抛球/沙包的幼儿给出指令："小宝准备开始抛""小宝换你抛了"。

（4）当幼儿顺利抛与接之后，可以换其他的东西抛。也可以试试不用网而是用手接。

游戏的价值：该游戏的互动配合机会比较多，幼儿可以有多次学习抛、接动作的机会，又创设了幼儿之间互动、等待、合作的机会。如果幼儿抛和接的动作都需要学习，可以用不同种类的球和其他物品来体验。

促进融合的小技巧

- 对于不清楚自己角色的特殊需要幼儿,前期可以先给予具体明确的指令:"小宝准备开始抛"。
- 对于不太会接的幼儿,前期可以用网来辅助(调整材料)。
- 如果自闭症幼儿刚开始玩时晃来晃去或者到处游走,请他们坐在地板上或者健身球上。
- 如果幼儿很容易分心,可以面对一个角落做抛接,这样可以缩小幼儿视野的广度。
- 请同伴与他一起,握住网一同去接球。

(四)花样玩球

适宜年龄段及形式:3—6岁,小组/集体。

可发展的目标:

(1)会滚接球。

(2)会举单手掷球。

(3)能伸出手臂接直径15厘米的球。

(4)两人互相抛接球。

(5)能参与由成人带领的有组织性的集体活动。

准备:幼儿篮球或皮球每人一个,音乐,工具(如木棍),空旷干净的场地。

玩法及规则:

玩法:

热身:

（1）做上肢、下肢伸展运动。

（2）做颈部运动。

（3）做胸部运动（弯曲膝盖蹲下的同时张开双臂）。

玩法一：持球跟随教师做动作

（1）跟随音乐节奏的花样拍球、运球。

（2）双腿夹球袋鼠跳。

（3）将球背在背上走、跑、跳。

（4）正坐姿，双腿向前伸直，设法让球在腿部及腰部周围滚一圈。

玩法二：幼儿两两一组自由探索

（1）夹球侧行。

（2）用木棍运西瓜。

（3）用肚子夹球。

（4）两人面对面张开双腿而坐，让球可以在手脚之间滚来滚去，并设法拿起球。

（5）用手臂与手心滚动球并拿起来。

（6）一人滚球，另一人用双手、单脚、臀部、腹部、头部等各个身体部位接球。

（7）请幼儿用自己的身体作球门：一人作为球门先直立站好并将双脚合上，另一人仔细看准对方脚步，将球用手滚过去。一人用腹部或者背部作为球门手脚支撑腹部朝下；手脚支撑背部朝下。

（8）花样传球：反弹式、肩上投球、站立往背后投球、前屈或后驱投球（站立往背后投球）、胯下投球等。

玩法三：多人组合

（1）一组8—10人，每一组分为两队，面对面站立。最前面的幼儿将球传到对面后,立即赶到对面队伍的最后,让下一个幼儿补上来。重复上一步骤,直到全员进行一轮。

（2）将球投入纸箱。

游戏的价值： 操控球类的活动有助于提升运动技能,让幼儿体验球类游戏,可以增进幼儿基本的运动技能,并体会球类运动的快乐。在探索和合作中,培养幼儿的操作性运动技能,培养身体的协调性、灵活度、肌肉力量和身体的认知能力。

 促进融合的小技巧

- 以上玩法比较丰富,可结合幼儿实际能力水平,选择适合的玩法。
- 先从单人组－双人组,逐渐过渡到多人组。
- 对于反应比较迟缓的幼儿,视需要在整体活动中延长某一活动的时间。
- 对于理解能力相对弱的幼儿,初次接触时需要成人先做示范,再请几名幼儿及其该幼儿一起尝试演示一遍,再正式开始活动。

游戏三：趣味保龄球

适宜年龄段及形式：4—6岁，小组。

可发展的目标：

（1）会垂手抛小球。

（2）双脚夹沙包，并用沙包击中目标。

（3）双脚夹球，并用球击中目标。

准备：2个沙包、2个小皮球，矿泉水瓶若干（保龄球），粉笔，自制立体鲨鱼宝宝。

玩法及规则：

玩法一：

（1）将横排矿泉水瓶作为鲨鱼宝宝的"猎物"，每排10个矿泉水瓶，在距离横排矿泉水瓶0.5米处画一条横线，让幼儿站在横线外用脚夹沙包或球，击中前面的矿泉水瓶。被击中的"猎物"被鲨鱼宝宝吃掉。

（2）对于能力较强的幼儿可以调整横线和矿泉水之间的距离至1.0米远。

玩法二：幼儿弯腰单手扔报纸球或小皮球击中矿泉水瓶。

游戏的价值：该游戏能很好地培养特殊需要幼儿的判断力。特殊需要幼儿学习运用身体发力，对距离远近、力量大小的判断及抗挫能力。

促进融合的小技巧

- 对于夹着报纸球或小皮球跳起较困难的幼儿,可以缩短横线与矿泉水之间的距离,幼儿站在矿泉水瓶前夹起沙包或小皮球即可,使其有成功的体验,再逐渐提升至与同伴相同的要求。
- 对于身体平衡协调能力较弱的幼儿,可以视个体差异,必要时先让其近距离单脚踢沙包或小皮球击中矿泉水瓶即可,再逐渐提升至与同伴相同的要求。如果差异不大,多次鼓励有成功的经验即可。

游戏四：趣味呼啦圈

适宜年龄段及形式：3—6 岁，集体 / 小组。

可发展的目标：

（1）能钻过 65—70 厘米高的障碍物（绳子、皮筋、拱形门、呼啦圈等）。

（2）与他人玩追逐、躲闪跑的游戏。

（3）向前跳 30 厘米

（4）单脚向前跳不少于 5 步。

（5）肩上挥臂投掷（标靶直径不少于 60 厘米，投掷距离约 3 米），能全身协调用力，准确度不低于 1∶3。

准备：直径不同的呼啦圈若干；投掷材料，如海洋球。

玩法及规则：

玩法一：开火车。幼儿将圈套在腰上，第二个小朋友拉着第一个小朋友的圈，第三个小朋友拉着第二个小朋友的圈……依次类推，第一个小朋友做火车头。

玩法二：一名或两名幼儿扶圈，其他幼儿依次从圈中钻过。

玩法三：跳跳乐。首先将圈首尾相连摆在地上，幼儿依次单脚或者双脚跳过；逐渐熟悉后，可以改变圈与圈之间的距离，也可以将圈与圈摆成不同的轨迹，如 S 形，请幼儿用单脚跳、双脚跳、大步跨等方式走过圈。

玩法四：滚滚乐。幼儿将圈扔出去，让圈在地上滚动。

玩法五：套套乐。请个别幼儿拿呼啦圈，其他幼儿四散跑，拿圈的幼儿追逐，将圈套在其他幼儿身上为胜利。

玩法六：投投乐。老师双臂打开，拿呼啦圈，请幼儿拿海洋球等软性物体投掷。

游戏的价值：在日常观察中，呼啦圈深受幼儿喜爱，在玩呼啦圈的过程中，能发展幼儿动作的协调、控制能力，也能发展幼儿创造性思维，同样，借助呼啦圈更能激发同伴间的互动和合作意愿。

 促进融合的小技巧

- 根据幼儿特质和发展情况，降低游戏难度，如肢体障碍、重度自闭症、唐氏综合征、天使综合征的特殊幼儿，可以走、跨圈。
- 可请同伴带领或示范。
- 对于正在学习耐心等待的幼儿，每一队可以少一些幼儿，以4—6人一组为佳。
- 观察幼儿游戏状态，及时给予具体鼓励和陪伴。
- 对于手部抓握能力不好的幼儿，可以使用大一点但更轻的圈。

游戏五：轮胎乐

适宜年龄段及形式：3—5岁，小组活动/户外活动。

可发展的目标：

（1）能参与由成人带领的有组织性的集体活动。

（2）会曲线滚轮胎。

准备：适量轮胎（根据幼儿人数）、平衡木2个、障碍物20个、干毛巾若干。

玩法及规则：

玩法一：滚轮胎。单手或双手向前滚轮胎，绕过障碍物返回。

玩法二：走轮胎。轮胎一个挨着一个平放在地上，踩着轮胎两端走过去。

玩法三：跳轮胎。轮胎平放在地上（间隔30—50厘米），从轮胎外跳进轮胎中心，以此类推。

玩法四：跨轮胎。轮胎单放或重叠在地上（间隔40—60厘米），单脚从轮胎一端跨入另一端，以此类推。

玩法五：竞赛游戏。将幼儿分成4组进行迎面接力，障碍物摆成一条直线。每组准备轮胎1个，障碍物20个。教师示范：第一、二组幼儿走过平衡木，拿起轮胎滚动绕过障碍物（滚S形），到达终点交给对面小朋友；第三、四组幼儿双脚跨过"轮胎"（男孩子可以增加难度，轮胎重叠放置在地上），拿起轮胎滚过"障碍物"（滚S形），到达终点时交到对面小朋友手中，以此类推。（也可以交互玩）

玩法六：自由玩轮胎。幼儿两人一组，在操场四周自由玩轮胎。听到老师的哨声时集中在一起。教师指导幼儿滚、走、跳轮胎时，要注意自我保护，出汗太多时注意休息，并用干毛巾擦汗等。

游戏的价值： 特殊需要幼儿的大运动能力发展至关重要，借助轮胎，发展他们走、跑、跳、跨、平衡等基本技能，训练其协调性和灵敏性。让特殊需要幼儿逐渐能够根据自己的动作发展和能力进行自我调节，培养与他人友好合作的意识。

 促进融合的小技巧

- 根据特殊需要幼儿的力量大小和身高，选择大小合适的轮胎。
- 选择有一定基础和耐心的同伴，两人能合作着往前推。
- 刚开始时难度要降低，从最简单的玩法开始。
- 轮胎接力时，两人的距离先安排近一些，首先要有滚动轮胎的动力，建立成就感。
- 根据幼儿的能力选择不同大小、轻重及平稳度的轮胎，循序渐进地练习目标。

游戏六：踩高跷

适宜年龄段及形式：3—5 岁，小组 / 集体。

可发展的目标：

（1）双脚踩高跷绕障碍走。

（2）双脚踩高跷跨过障碍物。

准备：幼儿专用高跷每人一组，设置起点和终点，中间布置各种障碍物（要有一些必须跨过去的障碍物）。

玩法及规则：

玩法：

（1）4—6 名幼儿为一组，平均分成若干组。

（2）两只脚踩在高跷上，两手分别抓住固定在高跷上的绳子，双脚交替往前走；遇到障碍物时，从障碍物旁边绕过去继续向前走；走到头返回。

（3）动作要领：想要站得稳，双脚脚心要在高跷的中心位置；想要走得快，绳子必须抓紧拉直；感受平衡后眼睛朝前看。幼儿走时同伴在旁边语言提示支持。

规则：

当教师讲比赛开始时，每队的第一位幼儿向前踩高跷绕障碍物走，走到头并返回和下一位幼儿击掌，击过掌的小朋友才能开始游戏。

游戏的价值：这一传统游戏是幼儿乐此不疲的活动，通过练习发展幼儿的本体感觉和前庭觉，提高幼儿身体的灵活性和协调能力。

促进融合的小技巧

- 对于正在学习耐心等待的幼儿，每一队可以少一些幼儿，如4—6人，减少幼儿等待时间。
- 特殊需要幼儿可以先使用购买的更稳固的、相对比较矮的高跷，待熟悉后再用自制高跷。
- 教师动作辅助支持幼儿站立高跷上，语言鼓励提醒"小手拉拉紧。"
- 对于平衡能力较弱、正在学习如何踩高跷的幼儿，可以先一只脚踩高跷，熟练后再尝试双脚踩高跷；前期可以不必绕障碍物，只要走到终点即可，或者接力。
- 对于动作要领不熟悉的特殊需要幼儿，可以在前面安排比较熟练或者学得快的幼儿，在该幼儿示范时注意观察动作要领。

游戏七：白毛女

适宜年龄段及形式：3岁以上，小组户外活动。

可发展的目标：

能参与由成人带领的小组活动

准备：童谣（刮大风，下大雨，里面住个白毛女，白~毛~女~就是你！）

玩法及规则：

（1）3—10人手拉手围成圆圈，成人先蹲在圈内当"白毛女"，并自己捂眼。

（2）其他幼儿边念童谣边逆时针或顺时针走。

（3）当念到"就是你"时，白毛女立即用手指着1名幼儿。被指到的幼儿当下一个"白毛女"。

（4）重复前面的环节继续游戏。

（5）当幼儿熟练后可在自由活动时自行邀请同伴，进行游戏。

游戏的价值：特殊需要幼儿一般都很喜欢这个游戏，可以学习如何跟随、轮流等待、与同伴眼神互动，并在愉快的氛围下游戏，激发其主动参与的意愿，学习理解简单的规则。

促进融合的小技巧

- 可以请特殊需要幼儿喜欢的同伴邀请其一起游戏。
- 有视力障碍的幼儿参与游戏时，可以用轻拍的动作代替指的动作。

游戏九：捉尾巴

适宜年龄段及形式：4—6岁，集体或小组。

可发展的目标：

能参与由成人带领的小组活动。

准备：布制的"尾巴"（布条），或者一头粘有子母贴，可以粘住衣服，防止掉落的"尾巴"。

玩法及规则：

玩法：

1. 同伴将尾巴放在"捉人者"身上，其他幼儿四散在一个范围内。

2. 当发出信号后，幼儿在这个范围内躲闪，注意安全避免碰撞。当被捉到后被捉者蹲下，等待其他人救援。

游戏的价值：幼儿喜欢躲闪跑的游戏，锻炼幼儿的反应能力和躲闪能力。该游戏加入一个可以看到和摸到的"小尾巴"，在参与躲闪游戏的时候，有时候幼儿可能会在抓躲的过程中产生拉扯，加入这个"小尾巴"既让游戏更生动，又能够帮助所有幼儿包括有动作需求的特殊需要幼儿理解游戏规则和规范行为。

促进融合的小技巧

- 对于没有范围概念的幼儿，注意加上用词"跑"与"停"，限制活动的人数与范围，提前用鲜明的标识（如绳子围成的区域，或者画线、草地上）标明活动区域。
- 对于视力模糊的幼儿，捉人者穿上有鲜明色彩的背心或者手摇铃，这样他会知道捉人者在靠近他。让一名幼儿做他的同伴，以免撞到障碍物，同时请其他人不要撞到，被捉到的人要做出口语讯号。
- 对于轮椅使用者或者腿脚不方便的幼儿，要用缓慢的活动原则，地面应有利于轮椅行动，可以请他当捉人者，规定被捉者必须跳着走。
- 将环境设计成友善合作的气氛，在游戏中的捉人者不是失败者。

游戏十：拔萝卜

适宜年龄段及形式：3岁以上，小组。

可发展的目标：

H6-40 双脚向前行进跳（不少于3米）。

准备：萝卜地（红、白两色萝卜）、草地、小动物服饰。

玩法及规则：

（1）幼儿扮成不同的小动物，排头的小兔唱："小猫小狗小兔子，快快来，快来帮我们拔萝卜。"

（2）小动物们一个一个跟着节奏跑过去、跳过去、爬过去帮忙拔萝卜。

（3）喊老爷爷、老奶奶等一起拔萝卜。

游戏的价值：在轻松的游戏情境中学习双腿同时向前跳，发展幼儿的跳、爬、平衡等动作；幼儿可以在游戏中体验助人之乐并感受拔萝卜的乐趣。

 促进融合的小技巧

- 可以请轮椅使用者当萝卜，当"萝卜"被拔出时，另一个同伴把他推走。
- 用颜色鲜艳醒目的材料制作立体的萝卜，吸引幼儿的注意。

游戏十一：网小鱼

适宜年龄段及形式：3—5 岁，小组。

可发展的目标：

能参与由成人带领的有组织性的集体活动

准备：小鱼头饰若干，鱼网头饰两个。

玩法及规则：

（1）将全班幼儿分成两部分，两个幼儿做鱼网，其余的幼儿做成群结队的小鱼。做网的两名幼儿双手相握，举过头顶，然后分开成鱼网状，做小鱼的幼儿排成一字队形，等待穿过鱼网。

（2）游戏开始，全体幼儿念童谣："一网不捞鱼，二网不捞鱼，三网捞个××鱼（可以根据幼儿的姓名和衣服颜色随机改编）！"，扮作鱼儿的幼儿低头弯腰快速从鱼网下通过，扮鱼网的两名幼儿念到"三网捞个××鱼"后，赶紧把鱼网放下，捉住没来得及通过的幼儿，把鱼儿网住，被网住的幼儿坐到等待席和其他幼儿一起念童谣，没有捉到的鱼儿继续参加游戏。当捉到 3—5 条小鱼时，让捉到的小鱼集体表演一个节目。

（3）第二次游戏让幼儿换角色进行。

游戏的价值：网小鱼是幼儿最喜欢的游戏活动之一，幼儿一边做游戏，一边唱歌，在游戏活动中，特殊需要幼儿的合作能力、观察能力和动作的灵敏性和反应能力得到很大的增强，搭鱼网环节可以培养特殊需要幼儿的合作能力。

促进融合的小技巧

- 教师支持其跟随在教师身后，以便其能够一直跟随队伍参与游戏。
- 对于触觉敏感的幼儿，可能不喜欢别人碰触，前期可以安排在最后一个位置，慢慢再安排他跟着他喜欢的小朋友，逐步过渡适应接受。
- 可适当多"网住"几次特殊需要幼儿，并用有趣的声音、肢体接触等让幼儿感受到被"网住"的乐趣。
- 对于不太愿意参与游戏的幼儿，可以先由成人与幼儿手拉手做网，网其他的"小鱼"。

游戏十二：打地鼠

玩法一：

适宜年龄段及形式：5—6岁，集体/小组。

可发展的目标：

（1）参与由同伴带领的有组织性的集体活动。

（2）能遵守游戏规则。

（3）能参与由成人带领的小组活动。

（4）能与熟悉的同伴（1到2位）一起游戏。

（5）愿意与熟悉的成人一起活动。

准备：打地鼠游戏道具；4种颜色的即时贴；游戏音乐。

玩法及规则：

（1）热身活动：围着打地鼠垫子跑一跑；做从头到脚的准备活动。

（2）将地垫搭成一个大正方形的地毯，将垫子中间的圆形垫取出来，幼儿进入洞中，跟随音乐做跑跳、蹲起的动作。

（3）打鼠网在中间，玩打地鼠的游戏，游戏过程中进行角色互换。

游戏的价值：幼儿在游戏中，通过爬、跳、连续下蹲等动作，锻炼幼儿的腿部肌肉，增强下肢力量，发展幼儿动作的协调性和灵敏性，体验集体游戏的快乐。

 促进融合的小技巧

- 教师站在特殊需要幼儿一侧或旁边，观察其需求，适当支持。
- 挑选合适的同伴支持。

- 用即时贴或者粉笔在地上做标识，做老鼠的家，请幼儿站在标识上。
- 为使用轮椅的幼儿提供可以被举起和放下的道具。

玩法二：

适宜年龄段及形式：5—6岁，大组。

可发展的目标：

（1）积极参加游戏活动。

（2）能遵守游戏规则。

准备：打地鼠彩虹伞1个，空气棒1个。

玩法及规则：

（1）一名幼儿拿着空气棒站立在"打地鼠彩虹伞"的中心圆上，一部分幼儿站立在"打地鼠彩虹伞"的外围圆里，另外一部分幼儿双手拉着"打地鼠彩虹伞"的"拉钩"往外拉开"打地鼠彩虹伞"（人数分配由"打地鼠彩虹伞"的大小来决定）。

（2）站在中心圆的幼儿发出"开始"的指令开始游戏。

（3）"站在中心圆的幼儿"可以拿着空气棒抢圈，里圈和外圈间增大距离。

（4）"站在中心圆的幼儿"可以拿着空气棒敲打"站在外围圆的幼儿"。

（5）"站在外围圆的幼儿"在"站在中心圆的幼儿"用空气棒敲打自己时蹲下，等到空气棒去敲打其他幼儿时，"站在外围圆的幼儿"可以起来。

游戏的价值：该游戏通过简单的材料就能够激起幼儿极大的兴趣，并练习幼儿的上肢力量、反应能力和理解能力。

 促进融合的小技巧

- 将玩法拍照或者拍视频，提前讲解先帮助他们理解，然后再开始游戏。
- 对游戏规则不太理解的特殊需要幼儿，可以先观察其他小朋友游戏，随后进行游戏或由教师带领着进行游戏。
- 容易离开集体游戏的自闭症幼儿可以和其一起拉着"打地鼠彩虹伞"的"拉钩"往外拉开"打地鼠彩虹伞"。

游戏十三：影子游戏

适宜年龄段及形式：5—6岁，小组或集体均适合。

可发展的目标：

（1）能快跑25米左右。

（2）愿意探索周围生活中常见的物理现象（如影子、沉浮等）。

准备：粉笔、可在地上画画的空旷场地。

玩法及规则：

玩法：

（1）教师与幼儿一起找影子。

（2）两名幼儿为一组，观察对方的影子，什么时候会变，怎么才能把影子藏起来。

（3）玩"踩影子"游戏：两人一组，一名幼儿躲闪、一名幼儿追逐影子，踩到影子后互换角色。

规则：

（1）在追逐和躲闪时注意安全。

（2）两人一组要明确角色，并且只能在划定的范围内活动。

（3）注意避免夏季在强光下暴晒，可选择在清晨或傍晚的阳光下玩耍。

游戏的价值：这个体育活动不但能锻炼幼儿身体，还能开发幼儿智力。在观察影子和踩影子过程中，使幼儿进一步了解光和影子的关系。并且通过创新玩法，培养幼儿的创新意识和发散思维。通过游戏，幼儿练习在一定范围内四散跑，增强幼儿跑的能力，培养特殊需要幼儿在奔跑过程中的躲闪和有目标奔跑能力及身体的灵活性，激发幼儿对运动的兴趣。

促进融合的小技巧

- 对于理解能力弱的幼儿,可以培养有跟随同伴的意识,有跟着跑的意识。
- 按运动能力分组,将运动能力相近的幼儿分在一组。

游戏十四：连体人

适宜年龄段及形式：3—6岁，两人／小组／大组。

可发展的目标：

（1）能在直线和曲线上走（不少于2米）。

（2）在宽20厘米，离地10厘米的平衡木上走。

（3）能与熟悉的同伴（1到2位）一起游戏。

准备：报纸若干张（每张报纸展开挖两个小洞）、平衡木两个、粉笔1根，宽阔的活动场地。

玩法及规则：

玩法：

（1）请幼儿自选伙伴，两人一组。

（2）将报纸分别套在两人的脖子上，将两人连在一起。

（3）两人按指定路线走直线、曲线或者走平衡木等，在走的途中要保证报纸不破。

游戏的价值：该游戏通过有趣的设计为普通幼儿和特殊需要幼儿提供了合作的机会，为了不让报纸弄破，两个同伴之间会学习相互关注、彼此配合，即使不小心报纸破了，他们也会觉得很好玩。

 促进融合的小技巧

- 前期可以降低障碍难度，比如只走直线。
- 请肢体障碍的幼儿与他熟悉的小朋友在一组。

第三章　学前融合游戏示例

游戏十五：开飞机

适宜年龄段及形式：4—5岁，小组。

可发展的目标：

（1）能与熟悉的同伴（1-2位）一起游戏。

（2）感受规则的意义并能基本遵守规则。

准备：童谣（我当飞机头，你和他当飞机翼）；设置路线作为飞机跑道。

玩法及规则：

（1）三人一组，一名幼儿当飞机头、另外两名幼儿当两边的飞机翼，三人手拉手围圈，做飞机头的幼儿从两名幼儿的手臂下钻出做飞机头。

（2）听音乐，按照提示准备开始起飞，在跑道上平稳地走、跑，听到开始、停止、返航的信号后做出相应的反应。

游戏的价值：中班年龄段的幼儿，合作意识开始萌发，在游戏中发展幼儿同伴协作及游戏的能力，以及能主动邀请或参与到同伴游戏的能力。特殊需要幼儿可以练习平稳地沿飞机跑道走、跑、停止的动作，培养与同伴协作的意识。

 促进融合的小技巧

- 幼儿自行结对，对于不主动的特殊需要幼儿，可以提前安排熟悉又喜欢的同伴为一组。
- 注意保护有听力障碍幼儿的人工耳蜗或助听器。

第三章 学前融合游戏示例

游戏十六：炸弹游戏

适宜年龄段及形式：5—6 岁，小组。

可发展的目标：

肩上挥臂投掷，能全身协调用力，准确度不低于 1∶3。

准备：空旷的户外场地，彩色报纸球、黑色报纸球（黑色报纸球数量相对多一些），装纸球的筐子或盒子。

玩法及规则：

（1）先将幼儿分配游戏角色：投掷者 2—3 名，躲避者 5—6 名。

（2）请投掷者与躲避者面对面站（间距 3 米左右），投掷者随机拿取筐中的纸球，向对面的躲避者扔去。

（3）站在对面的躲避者要根据投过来的纸球颜色判断躲避黑色的纸球（炸弹），接住彩色的纸球，如被"炸弹"砸中，则需要下场，结束游戏，将接到的彩色纸球放入旁边的筐中。最后坚持到最后的躲避者即为胜出者。

游戏的价值：此游戏是在传统游戏——砸沙包的基础上做了一些修改及创新，将沙包改为不同颜色的报纸球，加入切水果的游戏元素，增加游戏的乐趣，同时锻炼了幼儿投掷、躲闪的能力及专注力。另外也可以根据特殊需要幼儿的能力及兴趣选取不同的游戏角色。

第三章　学前融合游戏示例

> **促进融合的小技巧**
>
> - 该游戏中特殊需要幼儿最常见的困难是手臂上扬和往前投掷的动作，可能会变成类似于垂手丢球。或者顺势掉下来了，没有往前投掷的动作，教师在组织该游戏前先教授投掷的动作，进行多次练习，再开展此游戏。
> - 游戏过程中，前期教师可以托着幼儿的手臂上举，用手轻拍其手臂，感知投掷的动作。
> - 选择的投掷材料要大小适中，如果太小幼儿会拿着玩，太大手抓不住会增加困难；选择有声音的球或者球里面有铃铛，投出去后有回应的声音，帮助幼儿知道球投出去了，吸引幼儿的注意。
> - 可以依据特殊需要幼儿的能力选择不同的游戏角色，如幼儿下肢运动及灵活度较弱，可以安排其当投掷者。
> - 有视力障碍幼儿使用有声音的球。

游戏十七：冬天到，雪花飘

适宜年龄段及形式：5岁以上，小组。

可发展的目标：

感受规则的意义并能基本遵守规则。

准备：熟悉儿歌（冬天到，雪花飘。夏天到，吃冰糕。一个冰糕棍，咱俩换换位）。

玩法及规则：

（1）两名幼儿为一组，一名幼儿是"庄家"。

（2）说"冬天到"时双脚跳三下；说"雪花飘"时，脚上做一个动作，如双脚一前一后立定。说"夏天到、吃冰糕"同上，换一个动作。说到最后一句时，双脚跳三下，听到"换换位"时两人交换位置。

（3）一边念儿歌，一边用脚做出动作，和"庄家"动作相同，视为输，儿歌结束，和"庄家"动作不同，视为赢。

（4）可轮流做"庄家"。

游戏的价值：幼儿都很喜欢歌谣，但有些特殊需要幼儿同时处理两项任务会比较困难，通过该游戏，在唱歌谣的同时做相应的动作，有助于培养他们的应变能力，同时也提高了他们的身体协调性。

促进融合的小技巧

- 幼儿要首先熟悉可以有哪些转换的动作。
- 根据特殊需要幼儿的能力要求简化活动规则，如前两句只做跳的动作，最后"换位"时做一个固定的动作，如双脚一前一后。

- 如果特殊需要幼儿不会双脚跳,可以改为踏步动作;使用轮椅的幼儿可以拍手代替双脚跳。
- 提醒自闭症幼儿模仿蹦跳的动作,做出正确的反应。
- 前期成人需要示范动作,必要时有重音强调,幼儿要熟悉每一个重要动作,比如每个季节转换的动作不同。

游戏十八：马兰花

适宜年龄段及形式： 5岁以上，大组。

可发展的目标：

能参与由同伴带领的有组织性的集体活动。

准备： 会背儿歌。

玩法及规则：

玩法：

（1）一名幼儿：马兰花、马兰花。

（2）其他幼儿：风吹雨打都不怕。

（3）一名幼儿：勤劳的人们在说话。

（4）其他幼儿：请你马上就开花。

（5）一名幼儿：请你马上就开花。

（6）一幼儿：五瓣花。

（7）其他幼儿就五个抱在一起，游戏反复进行。

规则：

一边游戏一边说着儿歌。

游戏的价值： 在游戏中，一首简单的儿歌，可以和数学结合，也可以和体能结合发展特殊需要幼儿专注倾听的能力，锻炼其反应能力和思维能力，并在游戏中能和同伴互相配合，感受其中的快乐。

 促进融合的小技巧

- 初期游戏时，可先由成人报数字，先从数量较小的"2"开始，待幼儿明白游戏的玩法及初步的规则后，再增加数量。
- 示范。对于语言表达能力弱的特殊需要幼儿,可以示范给幼儿仿说。
- 对于互动意识较弱的幼儿,可安排熟悉的同伴带领一起说。
- 对肢体接触较敏感的幼儿,可用拉手代替拥抱,待其适应后再多一些身体接触;也可以请他参与点数。
- 可以请无语言幼儿用手指报数。

游戏十九：两人三足

适宜年龄段及形式：4—6岁，两人一组。

可发展的目标：

能与熟悉的同伴（1到2位）一起游戏。

准备：纱巾、宽绸带。

玩法及规则：

（1）幼儿两两一组腿上绑好纱巾。

（2）从起点出发走到终点。

游戏的价值：有利于锻炼特殊需要幼儿身体的平衡性和协调性；提升幼儿的配合能力，增强孩子的团队协作意识。

 促进融合的小技巧

- 制作"两人三足"提示标志，铺或者画在地面上，绑在一起的两只脚是双脚的标志，显示交替走的标志。
- 自闭症幼儿的合作意识比较弱，刚开始时先安排固定的、喜欢的玩伴，同伴支持提醒自闭症幼儿开始、行进、停止，练习默契配合。
- 成人手持孩子喜欢的物品（如鲜艳的小旗子）或者有标志的图片，在这两名幼儿前面面对面做有趣的"指挥"，左右手轮流按节奏上下挥动，幼儿根据指挥抬脚往前走。
- 幼儿首先要能听懂指令，两人一起喊拍子"一二一二"，往前走。

第三章 学前融合游戏示例

游戏二十：勇闯敌营

适宜年龄段及形式：5岁以上，小组。

可发展的目标：

（1）能助跑跳远（跳距不少于40厘米）。

（2）能助跑屈膝跳过40厘米的垂直障碍物。

（3）能助跑屈膝依次跳过多个高40厘米、宽15厘米的障碍物。

准备：1.不少于40厘米距离的平行线做小河；2.高40厘米的跨栏做战壕；3.3个高40厘米、宽15厘米的木桩或塑料玩具墩做山丘、《小兵》音乐。

玩法及规则：

（1）播放《小兵》音乐。

① 踏步走；

② 高人走；

③ 矮人走；

④ 转膝盖；

⑤ 转脚踝；

⑥ 单脚跳；

⑦ 双脚跳；

⑧ 蹲跳；

⑨ 慢跑；

⑩ 下山坡走。

（1）请小兵们到敌营去查看。

① 小兵要助跑跳过小河拔掉敌营的旗帜（白旗）。

② 然后助跑跳过战壕拿走敌人的炸弹。

③ 最后助跑跳过连续的山丘插上自己军队的旗帜（红旗）。

④ 跑回到军营敲鼓以示胜利。

游戏的价值： 在假想游戏中学习助跑跨跳和助跑跳远的动作，提高身体平衡及动作协调能力，激发幼儿的兴趣，培养积极、勇敢的品质。

> **促进融合的小技巧**
>
> - 可以根据幼儿能力将障碍物从最小距离/最低障碍物慢慢往上调整到40厘米。
> - 唐氏幼儿和个别脑瘫、发育迟缓的幼儿重心转移会存在困难，下肢运动较弱者可以将助跑、跳改为走、跨等低难度动作。

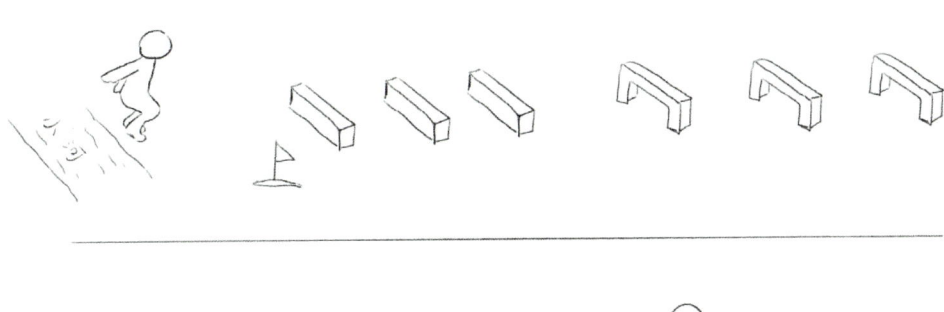

第三节　基础互动游戏

游戏一：汽车碰碰碰

适宜年龄段及形式：3—4岁，两人一组。

可发展的目标：

能轮流和等待。

准备：在地上画两条线当马路，或者用长条积木摆到两边，中间留出来是路；小汽车（每组10个左右）。

玩法及规则：

（1）两名幼儿一组面对面坐着，中间是汽车马路，一名幼儿手上有几辆小汽车。

（2）有汽车的幼儿开始一次推一辆汽车给对面的同伴。

（3）当汽车都推到对面后，对面的同伴开始推回来。

游戏的价值：在轻松愉快的游戏中帮助幼儿建立"轮流与等待"的规则是一个特别好的方法，大部分自闭症幼儿对小汽车都很感兴趣，因此该游戏也能激发他们参与活动的动机。

促进融合的小技巧

- 两两一组面对面,有助于自闭幼儿关注和模仿同伴的动作和活动,引发互动的兴趣。
- 可以添加小汽车撞击的目标物,增加趣味性。
- 教师协助自闭症幼儿理解要等到对方幼儿滚动过来的小汽车,待小汽车达到后,再向对方滚动,明白什么是轮流。
- 有肢体障碍幼儿的小组可以使用桌子开展此游戏。

游戏二：牵着鼻子走

适宜年龄段及形式：3 岁以上，两人一组。

可发展的目标：

（1）喜欢和小朋友在一起，能注意别人的面孔及声音。

（2）能与熟悉的同伴（1—2 位）一起游戏。

准备：无。

玩法及规则：

（1）幼儿分 A、B 两组。

（2）A 组被施魔法，鼻子跟随 B 组幼儿手掌的变化移动。

（3）B 组被施魔法，鼻子跟随 A 组幼儿手掌的变化移动。

游戏的价值：该游戏将幼儿带入到有趣的角色中，幼儿会十分专注地参与其中，幼儿在带动别人的过程中能够体验到一种掌控感，同时也在与同伴的互动中学习关注他人的行动并学习如何跟随，培养共同注意力，培养幼儿的身体灵活性。

 促进融合的小技巧

- 两两一组面对面，有助于自闭幼儿关注和模仿同伴的动作和活动，引发互动的兴趣。
- 可以做倒地、趴下、蹦跳等动作，增加趣味性。同伴可以用一些指令性的语言和语气词。
- 初期教师可以安排自闭症幼儿最喜欢的同伴进行互动游戏。

游戏三：包饺子

适宜年龄段及形式：3-4岁，两人一组。

可发展的目标：

（1）愿意和小朋友在一起，能注意别人的面孔及声音。

（2）愿意与熟悉的成人一起活动。

（3）能与熟悉的同伴（1到2位）一起游戏。

准备：不穿太厚的衣服。

玩法及规则：

（1）初期可由一名成人和一名幼儿为一组，待熟悉后，安排两名幼儿为一组面对面坐好。

（2）一名幼儿用手切、揉、捏孩子身体的各个部位，一边做动作一边唱歌谣："娃娃吵着吃饺子，妈妈取来大白菜，切切切白菜，切完白菜洗一洗，擀皮，包上馅，捏一捏来包饺子。"（也可以换歌谣）

游戏的价值：有些特殊需要幼儿，比如自闭症幼儿皮肤不够敏感，需要提高其肤觉的敏感度，在游戏中通过与同伴的肢体接触，不仅能帮助他们提升敏感度，同时也能增进与同伴的互动，有趣的体验能激发其互动动机。

 促进融合的小技巧

- 初期由成人与需要提升互动动机和触觉敏感度的特殊需要幼儿为一组，让幼儿接受与他人的身体接触后，再请同伴与其进行游戏。
- 有些肤觉迟钝的孩子可能没有反应，捏"饺子"的时候要用整个手握着孩子的身体部位进行揉捏。
- 成人可以根据孩子的反应适当在某一处停留，多做几次。

游戏四：天气预报

适宜年龄段及形式：3—4岁，小组。

可发展的目标：

（1）会一个跟着一个走成圆形。

（2）能参与由成人带领的小组活动。

准备：无。

玩法及规则：

（1）教师组织幼儿成一纵队，手搭在前面幼儿的肩膀上，逐渐走成一个圆圈。

（2）当教师说天晴了（拍拍手），刮风了（身体上下扭动），下雨了（搔痒痒），下雪了（跺跺脚），下冰雹了（抱着头）等，括号内表示相应的动作。

（3）重复指令，继续游戏。待幼儿熟悉指令后，教师可随机说出指令。

游戏的价值：此游戏通过有趣的方式发展幼儿听指令做动作以及反应的能力。同时也能帮助特殊需要幼儿在游戏中学习跟随队伍，提升集体意识，初步感知天气和人们生活的关系。

 促进融合的小技巧

- 对于低龄幼儿或者发育迟缓儿，一定要等待他做出动作，切忌焦急替他做或不让他做动作，用语言、微笑及动作引导幼儿。
- 当特殊需要幼儿没有参与游戏的反应时，要及时用语言、动作提示他，如看这里、手拉手来吸引他的注意力和兴趣，或准备天气图片。
- 可将特殊需要幼儿安排在队伍的中间，后面跟随能支持他的同伴，帮助其跟随队伍。

游戏五：鼻子眼睛

适宜年龄段及形式：3—4岁，两人一组。

可发展的目标：

（1）愿意和小朋友在一起，能注意别人的面孔及声音。

（2）能安静地听别人讲话。

准备：轻松的游戏氛围。

玩法及规则：

（1）初期可以由成人和孩子为一组，面对面坐好。

（2）成人示范，一边说"鼻子鼻子鼻子"，一边用食指指自己的鼻子。第二次说的时候可以边说边指着孩子的鼻子。第三遍的时候再指回自己的鼻子。

（3）以此类推，可换成"鼻子鼻子眼睛"，边说边用食指指自己的眼睛，过程中更换五官名称。

（4）待熟悉后可更换为两名幼儿互动。

游戏的价值：幼儿可以通过简单的指令，练习反应能力，提升与同伴的互动意识，感受游戏的趣味性。

 促进融合的小技巧

- 成人在与幼儿进行互动时，可在重复的时候变换声调、频率和音量，或拉长最后一个字的音符，吸引幼儿的注意力。慢慢过渡到两名幼儿一组。
- 由成人带领的时候注意特殊需要幼儿的反应，如果其不能正确指认可以再重复一次，指认每个名称时不可反复超过3次，以免产生厌烦情绪。

游戏六：拉大锯

适宜年龄段及形式：3—4岁，两人一组。

可发展的目标：

（1）能与同伴一起游戏，知道游戏的玩法。

（2）愿意参与集体组织的游戏。

（3）喜欢跟读韵律感强的儿歌、童谣。

（4）能与熟悉的同伴（1—2位）一起游戏。

准备：无。

玩法及规则：

（1）将幼儿分为两人一组，相对而坐（亲子或同伴都可以），边念童谣边做动作。

民谣1：拉大锯，扯大锯，姥姥家唱大戏。妈妈去爸爸去，小宝宝也要去。拉大锯，扯大锯，你过来我过去。拉一把扯一把，小宝宝快长大。

民谣2：拉大锯，扯大锯，姥姥家里唱大戏。接姑娘，请女婿，就是不让冬冬去。不让去，也得去，骑着小车赶上去。

（2）在唱歌谣的时候，可以突然停顿等待孩子的反应或者用手指挠对方的痒痒。

游戏的价值：拉大锯的游戏是一个非常传统的民间游戏，在游戏的过程中，不仅有肢体的接触，还能通过民谣的语言魅力来吸引幼儿，达到社会互动的效果。对于互动意识较弱的幼儿，可先借此游戏逐步提升互动及主动意识。

促进融合的小技巧

- 拉手前后摆动时注意动作幅度要轻柔,避免胳膊脱臼。
- 当特殊需要幼儿没有参与游戏的反应时,要及时用语言、动作提示,如看这里、手拉手逗一逗他,一些特别的声音或者乐器的声音可以吸引他的注意力和兴趣。
- 注意力不集中的幼儿,在拉的过程中,可以突然停顿等待他的反应,或者点身体的某个部位来吸引他的注意,训练幼儿的持续注意。

游戏七：叠高

适宜年龄段及形式：3岁以上，2—4人为一组。

可发展的目标：

能与熟悉的同伴（1—2位）一起游戏。

准备：空易拉罐、纸杯、积木等。

玩法及规则：

玩法一：

（1）两名幼儿为一组，一名幼儿先伸出食指竖起，另一名幼儿握住前一名幼儿的食指同时竖起自己的食指。

（2）在最下面的手抽出放到上面用同样的方法握住，依次类推。

（3）待熟练后可以多名幼儿为一组，轮流叠高。

玩法二：

幼儿用空易拉罐、纸杯或积木进行垒高，在规定时间里，垒得最高又不倒的幼儿获胜。

游戏的价值：对于特殊需要幼儿来说，学习与同伴一来一往的游戏能力，能帮助他们后续与更多的同伴进行互动、交往。利用大部分幼儿都感兴趣的积木，可以在共同的兴趣下进行学习。同时也能提高幼儿的建构能力及观察能力。

 促进融合的小技巧

- 对于搭建能力较弱的幼儿，教师可以在一旁及时给予语言提醒。
- 可以先选择面积较大的积木或材料，避免搭建过程中倾倒，而增加挫败感，失去继续游戏的乐趣。
- 刚开始可选择一名同伴进行游戏，待特殊需要幼儿能理解并初步做到轮流搭建后，可再增加一名幼儿，进行3人轮流，最多4名幼儿轮流，避免等待时间过长。

游戏八：抓金银

适宜年龄段及形式：三岁以上幼儿，两人一组。

可发展的目标：

能与熟悉的同伴（1到2位）一起游戏

准备：熟悉儿歌：一抓金、二抓银、三抓不笑是好宝宝

玩法及规则：

（1）两人一组。

（2）用指腹从膝盖轻轻抓到脚踝。

（3）两人轮流，边抓边念儿歌。

游戏的价值：该游戏是小年龄段幼儿特别喜欢的游戏，学习关注别人的动作以及做出适当的反应，以及有助于满足有触觉需求的幼儿。

 促进融合的小技巧

- 刚开始时先有固定的玩伴，积累与同伴互动的经验。
- 动作可以夸张，在做的时候突然停下来，看孩子的反应，训练孩子的注意力。

游戏九：大风吹

适宜年龄段及形式：3岁以上。

可发展的目标：

按物体的某一特征分类。

准备：如果提出的条件需要用到颜色、形状或其他需要幼儿学习认知的物品时需要准备。

玩法及规则：

应答方式：风婆婆说："大风吹。"大家要回应："吹什么？"风婆婆说出一个条件，如："吹扎辫子的小朋友。"根据风婆婆提出的条件，扎辫子的小朋友要全部起立交换座位。

玩法一：

（1）成人先当"风婆婆"，大家围着"风婆婆"坐一圈。

（2）当"风婆婆"说："大风吹。"幼儿响应"吹什么？"

（3）成人随意举出一种或者两种以上多数幼儿共有的特征，如：穿红衣服的小朋友、穿红衣服的男生等。有该特征的幼儿就要站起来换位置，其他的幼儿则不动。按照上面的方式继续游戏。

（4）成人请几名幼儿上来协助示范游戏玩法。

（5）游戏中，成人及时协助符合"风婆婆"说的特征而未换位置或没有该特征却起来换位置的幼儿做正确的动作做正确的动作。

玩法二：

在玩法一的基础上，当符合风婆婆说的条件的幼儿站起来交换座位时，风婆婆要加入进来抢一个椅子坐下，最后谁没有坐到椅子上，就可以当风婆婆，继续新一轮游戏。

游戏的价值：该游戏趣味性很强，幼儿参与的积极性也会很高，同时在游戏中自然加入一些认知学习,有助于提升特殊需要幼儿的思维、观察能力以及认知能力,锻炼其身体素质、提高灵敏度。

 促进融合的小技巧

- 有些幼儿轮到自己提出条件的时候会有些迟疑,可以等待或者成人在旁边示范提出条件。
- 可由教师来当"风婆婆",提出条件请幼儿按条件行动,条件先从幼儿易于发现的开始,如颜色、男生女生、头发长短等。
- 可以为语言表达困难的特殊需要幼儿准备图卡,当他们扮演风婆婆时,可以用出示图卡的方式说出条件,减少参与游戏中的障碍。
- 对于参与游戏较弱的幼儿,教师可以在一旁单独提醒:"××,你有扎辫子,要起来抢椅子啦!"
- 对于没有玩过该游戏的幼儿,可以先将游戏分解,先带幼儿开展玩法一,熟练后在开展玩法二。

游戏十：弹珠大闯关

适宜年龄段及形式：5—6 岁，小组。

可发展的目标：

感受规则的意义并能基本遵守规则。

准备：自制吹弹珠玩具 8 个、弹珠、箩筐若干、筷子（含辅助筷子）16 双、勺子若干。

玩法及规则：

玩法一：运弹珠

用筷子（或勺子）夹住弹珠，把红筐里的弹珠运到绿筐里，一次一颗，尽量不要使弹珠掉落，掉落的也要重新夹起来继续完成任务。

玩法二：吹弹珠

两个小朋友一组，把箩筐里的弹珠都吹进绿色的洞里，每次拿一颗弹珠从红色的地方开始吹，也可以两个小朋友合作一起吹。

游戏的价值：幼儿通过玩弹珠的游戏，发展其小肌肉精细动作，同时，对于精细动作发展还不足的特殊需要幼儿，可以通过材料的调整用辅助筷子，或者参与玩法二来锻炼其肺部力量和口肌力量。

 促进融合的小技巧

- 若幼儿手臂控制和脚部力量较弱，在运弹珠过程中可以将弹珠和筷子改为乒乓球和勺子。
- 对于发育迟缓的幼儿，需要练习口肌力量，我们可将吹弹珠改为用粗吸管吸乒乓球运送到指定地点。同时，运送的地点要从短到长逐步增加。

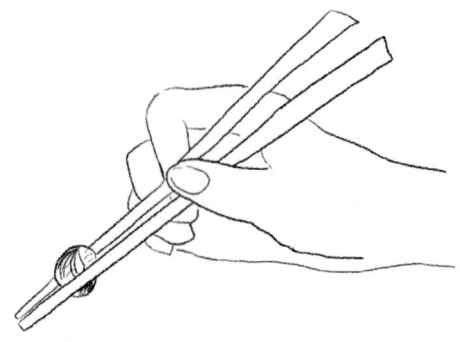

第四节　自主游戏小案例

自主游戏活动是指幼儿在游戏情境中根据自己的兴趣和需要，以快乐和满足为目的，自由选择、自主展开、自发交流的积极主动的活动过程。《3—6岁幼儿学习与发展指南》中指出"要以游戏为基本活动，重视幼儿的兴趣与需要，保证幼儿每天有适当的自主选择和自由活动时间。"幼儿天生具备主动学习的意识和能力，幼儿通过与周围人、事、物、环境、事件等互动，去积累和建构自己的经验。这一节分享几个自主游戏小案例，我们深信特殊需要幼儿有自主游戏的需求，同时，教师适宜的观察和支持能够满足其个性化的发展需求。

我来帮助你

伴随着前一夜的微风和小雨，幼儿园各个角落也弥漫着雨后的清新，户外草坪上充满着雨后痕迹，湿漉漉的。因此，孩子们早锻炼活动场地更换在不同的地方，有的班在塑木平台上扔沙包、有的班在骑行区跳房子……

大二班的孩子们都在彩虹跑道上拍球、跳绳。这时老师看见小语（小语是一名有自闭症谱系障碍的女孩），一个人远远地蹲在地上不知道在拨弄着什么，早锻炼眼看要结束，回班吃早餐了，老师走向小语，想要带她回集体参与活动，站队回班。

老师走近小语，说："小语，我们要回班了。"话音落下，小语一动不动，正当老师准备用手拉小语时，看见她用手"扒拉"着小草，老师也随着蹲下,看见她正小心翼翼地在拨走一束草旁边的小石头,拨走后露出灿烂的笑容,原来她在帮助这束小草获得自由的呼吸。这时老师也学着小语的样子将压着小草的小石头清理一旁,小语停下来,看了老师一眼,老师说:"小语爱小草,小石头压着小草了,我们一起来捡石头。"小语点点头,老师边说边做着:"嗯,捡走石头,小草变直了,也能喝饱水,一定很舒服。"经过老师和小语一番帮忙,小石头零散在小草旁。老师说:"弄好了,我们一起回班吧。"小语看看小草看看老师,站了起来,和老师一起走向集体,一边走一边笑着。

面对小语,老师放下心中的预判"又在一个人玩",而是选择走近观察,发现和捕捉到她保护小草的行为,随后参与小语守护小草的行动中,一方面保护孩子探索兴趣和精神,另一方面加入了她的游戏,让小语内心得到认可和理解,建立了信任的关系。在游戏中老师不断运用语言和行为,帮助她说出她的想法和正在做的事情,同理了她的心情,扩展了其语言的发展。

完美的高架桥

在建构区,壮壮(一名自闭症谱系障碍幼儿)计划搭建高架桥,他依次拿出4个奶粉桶和4块长条积木,将奶粉桶放在地毯上,用2个奶粉桶架起积木说:"老师,我在搭高架桥。"教师:"嗯,还可以2个奶粉桶垒在一起,这样高架桥会变更高。"接着壮壮搭出2组2个奶粉桶垒在一起的高架桥。壮壮拿起奶粉桶和积木继续搭建,他站在高架桥的前方,尝试拿最后一个奶粉桶,被搭好的高架桥挡住了,壮壮身体侧向柜子,手扶着柜子轻轻地走过,拿起并搭好奶粉桶和积木。硕硕走过来,看着壮壮和高架桥。壮壮:"硕硕,快走开。"老师:"壮壮可以说,硕硕请小心点,保护好我的高架桥。"壮壮小声说:"保护好高架桥。"硕硕听后离开。壮壮拿出一辆红色的小车,用手推着小车在高架桥上行走,老师:"滴滴……滴滴……"壮壮笑着说:"哎呀,我刚才上高架桥了,我的高架桥搭好啦。"小车继续行驶1分钟。壮壮拿出三角形积木,将两个三角形积木直角边对齐并放在高架桥上,共放了三组。壮壮拿起红色小车从"入口"驶入高架,皓皓拿着吉普车走过来,老师悄悄走近皓皓,小声说:"皓皓,你是不是想和壮壮一起玩?"皓皓点点头,老师接着说:"你的小车驶入高架桥的时候,要小心点,保护好高架桥,要询问一下壮壮可不可以一起玩。"皓皓对壮壮说:"我们可以一起玩吗?"壮壮看向皓皓手里的小车说:"可以。"皓皓跟着壮壮后边,壮壮告诉皓皓:"你从这(手指着左边)开始,这是(手指着左边)入口,这是(手指着右边)出口。"壮壮和皓皓带着小车走了2圈,在第3圈行驶过程中,下坡时壮壮会把车开得很快并说:"救命啊!"在上坡时会慢慢走,老师:"上坡路,加大油门,小心驾驶噢。"壮壮和皓皓同时上坡,这时奶粉桶动了一下,积木倒了,皓皓:"好搞笑呀。"壮壮扶好奶粉桶,皓皓搭好积木,两人合作将高架桥修好,壮壮笑着说:"你看,完美了。"皓皓:"对啊,完美了,跟刚才一样。"壮壮和皓皓继续"驾车"行驶着。

  游戏中壮壮能结合已有的与高架桥有关经验,运用积木、奶粉桶等材料进行搭建。加入小汽车丰富和拓展游戏情景。教师观察壮壮搭建高架桥的过程,运用正向、清晰的语言帮助壮壮描述、拓展搭建经验,从始至终,老师充分尊重壮壮的想法,与幼儿建立了信任和平等的关系。在同伴加入游戏时,皓皓与硕硕不同的是,皓皓手里拿了一辆小汽车,是壮壮感兴趣且符合当下游戏情景的材料,壮壮会放下心中的警备,以安全、平静的状态同意皓皓的加入。在此之前,老师也有预知皓皓与同伴互动时的方法和注意事项,整个过程教师鼓励和引导幼儿自己发现、提出及解决问题，不仅仅包括搭建过程中的问题，更有关于同伴交往中的合作、协商、互动等。

探花之旅

老师带领幼儿一起参观新园环境，聆听和收集孩子们对幼儿园设计"方案"。正巧是春天，新幼儿园里的草绿了，草坪上星星点点的小花也露出了笑脸，孩子们用不同的方式表达着自己的喜悦，有的在奔跑，有的对着小花小草说话……琪琪手拿着一朵黄色的小花走向老师："冰冰老师，你看。"其他幼儿闻声走过来，一起观察、表达，明明（自闭症幼儿）走过来，眼睛看着琪琪手里的花，笑着说："我要。"老师看到他们的兴趣和需求，引导说："孩子们，我们可以找到自己喜欢的小花小草，带回班级。"于是水果班开启了一场探花之旅，老师和幼儿一起在新园观察和认识花花草草，选择自己喜欢的花草。琪琪拉着明明的手，一起在草坪上寻找着，在琪琪的帮助下，明明采摘花草拿在手里。淼淼说"我们可以找个瓶子，把小花放进瓶子里。"冰冰老师协调，给班里每个幼儿准备一个矿泉水瓶。

回到教室，老师带着幼儿一起认识摘回来的花花草草，并用黏土、即时贴等不同材料，装饰塑料瓶，正正（唐氏综合征幼儿），拿起塑料瓶，选择了一包黏土，走向老师："啊，开。"老师："好的，打开。"正正拿到黏土后，用小手把黏土撕成小块，粘在瓶子上，老师拿了另外一包黏土，坐在正正对面，老师先把黏土放在手心，两手将黏土搓成大小不同的圆，装饰瓶子，正正看到后，学着老师的样子，在瓶子上粘满了小球。幼儿午休时间，班级老师查找、下载插花图片和素材。下午和幼儿一起欣赏插花图片，了解插花方法，老师将带回教室的花草汇集在一起，引导幼儿自主选择、组合创意搭配，一件件"特别的"花艺作品就诞生了。

在此次活动中，冰冰老师围绕孩子们的发现和兴趣，设计系列活动，并积极寻找素材和资源，丰富幼儿游戏情景和经验。在与正正的互动中，可以看出老师在情景中示范用橡皮泥装饰瓶子的方法，正正在教师隐性的支持中学习了用搓、压、团等方式塑形橡皮泥，用不同造型装饰瓶子；另一方面，在正正表达不完整时，老师能给予正确示范。

石头大变身

大班在参观新园舍时，成成发现幼儿园里的石头，在成成的影响下，大班幼儿开始全园搜索石头，伊伊将捡来的石头放在红桶里。行走不便的辰辰（结节性硬化症）是一个热心肠的女孩，她走向红桶，对伊伊说："我帮你拿吧。"辰辰提着红桶，伊伊捡着石头……结束时，辰辰和伊伊两个人合作把盛满石头的小桶带回教室，走到楼梯时，伊伊会自然地放下脚步，等待着辰辰一点一点地上台阶。

为了保证幼儿健康，在乐乐老师提议下清洗石头。丁丁（自闭症）小朋友特别爱玩水，把石头扔向水里，看着水花，自己哈哈笑着，乐乐老师拿着小牙刷，教丁丁刷石头，有的小朋友用小毛巾清洗/擦拭石头。

在晾晒石头的过程中，博博对小翔、鸽子说："你看，我用石头拼了一条路。"鸽子和小翔也加入了用石头创意造型的活动中，杨老师走过来说："哇，石头可以摆很多造型，你们还可以用石头变成什么？"丁丁说："变小朋友。"杨老师说："可以啊，我们用什么方法呢？"班级幼儿七嘴八舌地讨论着、尝试着，最后杨老师说："躺在地上试一试，会摆出什么造型的小朋友呢？"杨老师刚说完，只见鸽子平躺在地上、成成躺在了鸽子旁边、博博趴在地上，丁丁、小翔、轩轩开始一个接着一个摆石头，5分钟后，小翔说："杨老师，快看我们拼好了。"鸽子说:"杨老师,给我们拍照片。"

经过一个中午的晾晒,石头很快就干了,老师和孩子们一起收石头的时候,杨老师说:"你们还有用石头做什么?"鸽子说:"我想画画,把石头变成棒棒糖。"成成说:"我想让石头变成小动物。"小翔说:"我想给石头刷成彩虹的颜色。"丁丁说:"我想让石头上有不同的表情"……收完石头,杨老师准备了水粉笔、颜料、罩衣等物品,实现孩子们的想法。

《指南》中提出要注重幼儿全方面发展,注重领域间的渗透和整合,大班老师和幼儿通过捡石头、洗石头、晒石头、摆石头、画石头等过程,观察不同形态的石头,也在创作中获得无限的欢乐,根据幼儿发现和想法,教师支持幼儿完成了系类"石头大变身"活动。

在此次活动中,两名特殊需要幼儿(丁丁和辰辰)在自然的情景中,呈现自己对活动的好奇、想法及行动,可以看出特殊需要幼儿对游戏活动中主动学习的意愿。在这篇游戏案例中,老师的语言和动作示范、同伴的支持、环境的创设、材料的提供,都为特殊需要幼儿能力的发展、自信心的建立,提供着积极的影响。

我们完全确信老师们有会很多的创意,基于对幼儿的了解可以创造出千变万化的游戏玩法。随着大家对幼儿逐步深入的了解,上面的游戏范案例已经不能满足你们的需求,等候着你们创造出更多有趣的游戏,等候着你们积累更多可以支持特殊需要的孩子们的方法。其实,更重要的不是策略和方法,而是我们始终相信每一名幼儿都是游戏的主人,给他们适宜的环境、调整过的材料和恰当的支持,他们都会得到长足的发展。

参考资料

1. 中华人民共和国教育部.幼儿园教育指导纲要（试行）2001年9月［M］.北京：北京师范大学出版社，2001.

2. 中华人民共和国教育部制定.3-6岁幼儿学习与发展指南［M］.北京：首都师范大学出版社，2012.

3. 邱学青著.学前幼儿游戏（第五版）［M］.南京：江苏教育出版社，2020.

4. 乔·L·弗罗斯特，苏·C·沃瑟姆，斯图尔特·赖费尔（美）著，唐晓娟、张胤译.游戏和幼儿发展［M］.南京：江苏教育出版社，2011.

5. 珍妮特·莫伊蕾斯（英）著，刘炎等译.儿童游戏译丛，仅仅是游戏吗？——游戏在早期儿童教育中的作用和地位［M］.北京：北京师范大学出版社，2012.

6. 蔡蕾著.学前融合教育理论与实务［M］.郑州：河南大学出版社，2012.

7. 杨美华、吕春娇等人编著.手牵着手——融合教育［M］.台南：中国台湾地区台南县私立德兰启智中心，2002.

8. 卢明编著.学前融合教育理论与实务［M］.台北：中国台湾地区华都文化事业有限公司，2011.

9. 雷江华、刘慧丽编著.学前融合教育［M］.北京：北京大学出版社，2015.

10. 管美玲、张千惠等.手拉手我们都是好朋友——学前融合教育实务工作手册［M］.台北：中国台湾地区财团法人第一社会福利基金会，2004.

11. Christy Isbell&Rebecca Isbell著，陈威胜、陈芝萍译.幼儿感觉统合－学龄前教师指南［M］.台湾：中国台湾地区心理出版社，2015.

12. Peter Downs著，杜正治等译.融合式适应体育教学［M］.台湾：台湾师范大学体育研究与发展中心，2000.

13. 萨利·戈达德·布莱斯著，于淑芬译.平衡发展的孩子——运动和幼儿早期学习[M].北京：民主与建设出版社，2011.

14. Eduin Gordon著，庄惠君译.幼儿音乐学习原理［M］.台湾：中国台湾地区心理出版社，2007.

15. Rae Pica著，许月贵等译.幼儿音乐与肢体活动理论与实务［M］.台湾：中国台湾地区心理出版社，2001.

16. 瑾心著.自闭儿教育手册之一生命的装备[M],自闭儿教育手册之二生命的执着[M].北京：中国书籍出版社，2012.

17. 雷娜特·齐默尔（德）著，杨沫、易丽丽译.幼儿运动教育手册——教学法基础和实践指导[M],南京：南京师范大学出版社，2008.

18. Brooke Ingersoll and Anna Dvortcsak著，郑铮译.自闭症儿童社交游戏训练——给父母及训练师的指南［M］.北京：中国轻工业出版社，2012.

19. 景时、邓猛,英国的融合教育——以特殊教育需要协调员为视角,学习与实践，2013年第6期.